La quimera de la predeterminación legal del Juez cuando se trata de aforados

(Una reflexión sobre los aforamientos de Diputados y Senadores)

José Manuel Chozas Alonso
Catedrático de Derecho Procesal UCM

La quimera de la predeterminación legal del Juez cuando se trata de aforados

(Una reflexión sobre los aforamientos de Diputados y Senadores)

Dykinson, S.L.

Este libro es uno de los resultados del Proyecto de investigación (I+D) sobre «El futuro proceso penal y el artículo 24 CE: derecho de defensa en la instrucción, presunción de inocencia y juicio de acusación, y participación ciudadana (acusaciones y jurado)» (Ref. PID2020-115578GB-I00), financiado por el Ministerio de Ciencia e Innovación.

Editorial DYKINSON, S.L.
Meléndez Valdés, 61 - 28015 Madrid
Teléfono (+34) 915442846 - (+34) 915442869
e-mail: info@dykinson.com
http://www.dykinson.es
http://www.dykinson.com
Consejo Editorial véase www.dykinson.com/quienessomos

ISBN: 978-84-1122-769-8
Depósito Legal: M-29285-2022

Preimpresión:
Besing Servicios Gráficos, S.L.
Tlf. (91) 8551464

A Kety, mi madre,

A Lali, mi esposa, y a mis hijas Mercedes y Carmen

«Allá van leyes,
Do quieren reyes»

(Refranero popular)

ÍNDICE

CAPÍTULO III
EL DERECHO «ALTERNATIVO» FORJADO POR LA SALA SEGUNDA DEL TRIBUNAL SUPREMO (CON LA ANUENCIA DEL TRIBUNAL CONSTITUCIONAL)

CAPÍTULO IV

LAS CLAVES PARA RESOLVER LOS INTENTOS DE VULNERACIÓN DE LA PREDETERMINACIÓN LEGAL DEL JUEZ

CAPÍTULO V
LA NECESIDAD DE UNA NUEVA REGULACIÓN LEGAL DE LOS AFORAMIENTOS EN ESPAÑA

ANEXO NORMATIVO
(AFORAMIENTO DE DIPUTADOS Y SENADORES)

ABREVIATURAS

ALECRIM	Anteproyecto de Ley de Enjuiciamiento Criminal
AA.VV.	Autores varios/varios autores
Artº.	Artículo
Arts.	Artículos
ATS	Auto del Tribunal Supremo
BCPP	Borrador de Código Procesal Penal de 2013
CC	Código Civil
CP	Código Penal
CE	Constitución Española de 1978
Cit.	Citada; obra citada con anterioridad
Cfr.	«*confere*», comparar
CGPJ	Consejo General del Poder Judicial
Coord.	Coordinación/coordinador
D.A.	Disposición Adicional
D. Derog.	Disposición Derogatoria
D.F.	Disposición Final
Dir.	Dirección/director
D.T.	Disposición Transitoria
Fto. Jdco.	Fundamento jurídico
Ibídem	«Lo mismo», obra recién citada
LEC	Ley de Enjuiciamiento Civil de 2000
LECRIM	Ley de Enjuiciamiento Criminal

Ley 1912	Ley de 9 de febrero de 1912, *sobre competencia para conocer de las causas contra Diputados y Senadores*
LO	Ley Orgánica
LOPJ	Ley Orgánica del Poder Judicial
LOTJ	Ley Orgánica del Tribunal del Jurado
STC	Sentencia del Tribunal Constitucional
STS	Sentencia del Tribunal Supremo
TC	Tribunal Constitucional
TEDH	Tribunal Europeo de Derechos Humanos
TS	Tribunal Supremo
TSJ	Tribunal Superior de Justicia
UE	Unión Europea
Vid. *infra*	«*videtur infra*», véase abajo
Vid. *supra*	«*videtur supra*», véase arriba

NOTA PRELIMINAR

Este libro es uno de los resultados del Proyecto de investigación sobre «El futuro proceso penal y el artículo 24 CE: derecho de defensa en la instrucción, presunción de inocencia y juicio de acusación, y participación ciudadana (acusaciones y jurado)» (Ref. PID2020-115578GB-I00).

Su origen se encuentra en la conferencia que pronuncié con motivo del concurso para el acceso a una plaza de catedrático de Derecho Procesal en la Universidad Complutense de Madrid, el 9 de julio de 2021, ante un tribunal presidido por el profesor Julio Banacloche Palao e integrado, además, por la profesora Lorena Bachmaier Winter, el profesor Francisco López Simó, la profesora María Marcos González y el profesor José Antonio Tomé García. A todos ellos mi gratitud por regalarme su tiempo y por todas las observaciones y sugerencias que en su mayoría he intentado -y espero haber conseguido- incorporar a este trabajo.

Asimismo, mi gratitud a todos los miembros del Área de Derecho Procesal de la Facultad de Derecho de la Universidad Complutense que, de una u otra forma, tanto me han ayudado a lo largo de mi carrera universitaria y, de manera muy especial, mi más entrañable agradecimiento a mi maestro, el profesor Andrés de la Oliva Santos, por la confianza que un día depositó en mí, con la esperanza de haber asimilado correctamente sus enseñanzas sobre la verdadera esencia del *derecho al juez predeterminado por la ley*.

CAPÍTULO I
GENERALIDADES

1. INTRODUCCIÓN

Aunque me parezca increíble, «*tempus fugit*», han transcurrido ya veintisiete años desde la publicación de mi monografía sobre la «*perpetuatio iurisdictionis*» y su incidencia en el proceso civil (y en los procesos más o menos asimilables al civil). En esa mi primera publicación, que reproducía prácticamente la totalidad de lo que fue mi tesis doctoral, se desarrollaba la idea básica consistente en que la jurisdicción y la competencia de un juez o tribunal deben entenderse fijadas en el momento inicial del proceso, sin que tengan relevancia sobre dichos presupuestos procesales los posibles cambios fácticos y/o jurídicos, de cualquier índole, que se pudieran producir con posterioridad («*semel iudex, semper iudex*» o «*semel competens, semper competens*»).

Desde ese momento, durante casi tres décadas, me han perseguido, como fantasmas, algunas de mis propias palabras vertidas en la «Introducción» de aquella obra, puesto que, sin tamiz ninguno, y en manifiesto error, afirmaba que la «*perpetuatio iurisdictionis*» *no rige en el proceso penal*[1]. Pero nunca es tarde para rectificar; y ahora sólo puedo desdecirme y afirmar, con rotundidad (y sin ambages), que en el proce-

---

1 CHOZAS ALONSO, J.M., *La «perpetuatio iurisdictionis»*: un efecto procesal de la litispendencia, Granada, Edit. Comares, 1995, p. XXVI.

so penal, aunque con ciertas modulaciones propias, igualmente se exige la absoluta perpetuación de la competencia una vez que ésta se ha determinado con arreglo a la norma *predeterminante*, y ya no debiera admitir derogación alguna –ni por hechos, ni por normas sobrevenidas–; de tal manera que ya no se puede sustraer el conocimiento del juez o tribunal, si realmente era el competente para conocer del mismo.

Como es sabido, la regla de la «*perpetuatio iurisdictionis*» se define legalmente en el art. 411 LEC, que dispone: «las alteraciones que una vez iniciado el proceso, se produzcan en cuanto al domicilio de las partes, la situación de la cosa litigiosa y el objeto del juicio no modificarán la jurisdicción y la competencia, que se determinarán según lo que se acredite en el momento inicial de la litispendencia»; este momento inicial, en el proceso civil, viene señalado en el precepto anterior, art. 410 LEC: «la litispendencia, con todos sus efectos procesales, se produce desde la interposición de la demanda, si después es admitida». Por tanto, en el proceso civil, la competencia se establece atendiendo a los elementos que la determinen –como el objeto del juicio, el domicilio de las partes o el lugar de la cosa litigiosa– conforme consten al inicio del proceso, de suerte que si después se producen cambios en algunos de esos elementos, se consideran como no producidos –al menos a los efectos de alterar el órgano competente– y el órgano que ha empezado a conocer «perpetuará su jurisdicción» sobre el asunto.

A este respecto, no debemos desconocer que, a diferencia de la «sencillez» de la determinación de la competencia objetiva en el proceso civil, la competencia objetiva de los tribunales penales a veces se fija con mucha mayor dificultad, en función de que los hechos punibles estén más o menos claros desde el principio. Es evidente que, en unos casos, los hechos y el sujeto (o sujetos) que integran el objeto del proceso penal pueden aparecer nítidamente desde el inicio de las actuaciones, pero en otros casos, por el contrario, pueden ser necesarias múltiples diligencias de investigación para su determinación; de ahí que se hable de una delimitación *progresiva* del objeto del proceso penal durante la instrucción, que tiene como consecuencia que la fijación del órgano competente efectuada en esta fase procedimental sea necesariamente *provisional*, es decir, estará sujeta a cambios, provenientes de los resultados que arroje la investigación[2]. En concreto, en los casos que a nosotros nos van a interesar más en este trabajo, un aforado puede aparecer «imputado materialmente» en la propia denuncia o querella contra él o, por el contrario, su presunta participación en los hechos delictivos puede ser descubierta en un momento muy posterior, incluso muy avanzada la fase de instrucción.

¿Esto significa que queda perpetuada la competencia del juez de instrucción que ha comenzado a investigar el caso? En modo alguno; sólo queda perpetuada la competencia del órgano que realmente es competente para conocer del asunto –del objeto de ese proceso– «ab initio». Y en caso de que haya estado conociendo –provisionalmente– un órgano de instrucción, tan pronto como se desprenda de las investigaciones la posible responsabilidad de un aforado, las actuaciones deben ser remitidas, a la mayor brevedad posible, al Tribunal Supremo o al Tribunal Superior de Justicia, según el tipo de aforamiento. Por otra parte, a mi modo de ver, en el proceso penal la perpetuación de la jurisdicción no es tanto un efecto procesal de la litispendencia, cuanto una exigencia de la «predeterminación legal» del juez *ex* art. 24.2 CE.

En este contexto, desde hace ya bastante tiempo, y no sabemos aún lo que nos quedará por ver, estamos asistiendo al lamentable espectáculo que nos deparan los casos judicializados de corrupción política. El caso «ERES de Andalucía», el caso «Gürtel», el caso «Pretoria», el caso «ITV's», el caso «Taula», el caso «Mónica Oltra», el caso «Laura Borràs», etc., son sólo algunos de los nombres con los que se han bautizado estas presuntas tramas que copan, un día sí y otro también, las portadas de los más importantes periódicos y las cabeceras de los telediarios y demás programas informativos. Y en la mayoría de ellas aparecen implicados

---

2 Vid. CUBILLO LÓPEZ, I., «La determinación del órgano competente en el orden penal: algunos problemas pendientes», en *Los sujetos protagonistas del proceso penal* (Coord. CHOZAS ALONSO, J.M.), Madrid, Dykinson, 2015, pg. 128, y la jurisprudencia que allí se cita.

–ahora hay que llamarles «investigados»– muchos sujetos que, por el alto cargo público que desempeñan o por ser representantes políticos en el Parlamento de la nación o en alguna Asamblea autonómica, ostentan la condición procesal de aforados. Ello implica que, en principio, estos investigados no van a ser enjuiciados por el mismo tribunal que le correspondería a cualquier ciudadano de *a pie*, sino que deben ser juzgados directamente por el Tribunal Supremo (en el caso de los Diputados y Senadores) –artº 71.3 CE– o por los Tribunales Superiores de Justicia (en el caso de los miembros electos de las Asambleas autonómicas –art. 73.3.a) LOPJ–, en relación con los Estatutos de Autonomía).

De todos es sabido que los parlamentarios, estatales o autonómicos, no son los únicos que disfrutan de esta prerrogativa procesal denominada *aforamiento* (pensemos, sin ánimo de ser exhaustivos, en los parlamentarios europeos, en los miembros del Gobierno de la nación, de los gobiernos autonómicos, Magistrados, Fiscales, miembros de las Fuerzas y Cuerpos de Seguridad, etc. –así hasta cerca de 20.000 personas aforadas–), aunque, en aras de la simplificación, vamos a centrar este trabajo en los Diputados y Senadores, puesto que prácticamente todo lo que aquí se diga puede extrapolarse, *mutatis mutandis*, al resto de los aforados españoles.

Por otra parte, y aunque son muchos los aspectos que podrían estudiarse en relación con la institución político-procesal del aforamiento (origen histórico, fundamento jurídico, diferencias entre el aforamiento y la inviolabilidad e inmunidad parlamentarias[3], duración, efectos, la autorización para proceder –suplicatorio–, etc.[4]), nos vamos a centrar principalmente en la problemática derivada de la influencia en la determinación de la competencia objetiva de los tribunales penales cuando una persona inculpada adquiere o, por el contrario, pierde su condición de aforado. No en vano, según el *Diccionario de la Real Academia Espa-*

---

3 Vid. MARTÍNEZ SOSPEDRA, M., *Privilegio discutido. La inmunidad parlamentaria en el Derecho español*, Madrid, Cuadernos del Senado (Serie Minor), 2004.

4 Para un estudio más detallado de estas materias sigue siendo muy recomendable la consulta de GÓMEZ COLOMER, J.L. y ESPARZA LEIBAR, I., *Tratado Jurisprudencial de Aforamientos Procesales*, Valencia, Tirant lo Blanch, 2012.

ñola, por «fuero» debemos entender: «Del latín *forum* "foro". 8. m. *Der.* Competencia jurisdiccional especial que corresponde a ciertas personas por razón de su cargo (Fuero parlamentario)».

Delimitado así el contexto en el que nos vamos a desenvolver, a todos nos debería escandalizar, en mayor o menor medida (a mí me escandaliza mucho), el que se ha venido en denominar, incluso por altos miembros de la Magistratura entrevistados en medios de comunicación, «el peregrinaje» de las causas en las que hay aforados de un tribunal a otro. En efecto, es cada vez más frecuente la noticia de que una causa que se estaba tramitando hasta un determinado momento en un Juzgado de instrucción (con vistas a que, una vez concluido el sumario o las diligencias previas, el asunto pase a conocimiento de la Audiencia Provincial), se remita al Tribunal Supremo (TS), o a un Tribunal Superior de Justicia (TSJ), según los casos, si la persona investigada adquiere la condición de aforado durante la instrucción; o viceversa, una causa que está instruyendo el TS o un TSJ, porque se ha imputado a un Diputado nacional o autonómico, deja de conocer, en favor de un Juzgado de instrucción, al producirse la pérdida de la condición de aforado de aquél. O, incluso, no es descabellado pensar que los propios aforados, en vista de esta perniciosa dinámica permitida en España, pidan a sus respectivos partidos políticos que les incluyan (o les dejen de incluir) en las listas electorales con el fin de que su caso «caiga» en tal o cual tribunal o, por el contrario, intenten eludir la actuación del Juez o Magistrado que ha llevado la investigación hasta ese momento, para que el asunto «peregrine» al TS o al TSJ.

En consecuencia, y adelantando la tesis que aquí sostenemos, la «*perpetuatio iurisdictionis*» impone que el fuero existente para quien cometió el delito cuando era Diputado, Senador, Diputado autonómico, etc., seguirá existiendo hasta la resolución del proceso, con independencia de que el aforado ya no detente ese cargo o de que haya renunciado a él durante el proceso. Pero para sostener esta postura, como veremos, hay que dar respuesta al problema del «*dies a quo*» de la predeterminación.

Así las cosas, a nuestro juicio, habría violación del derecho fundamental al juez predeterminado siempre que un asunto vaya a parar, por el motivo que sea, a un órgano jurisdiccional que, según la ley (previa al caso concreto), no es el juez previsto para ocuparse objetivamente de ese asunto. Si no se admite que las cosas son así, la *predeterminación* es una pura entelequia, sin contenido alguno. La consecuencia jurídica de la posición que pretendemos mantener aquí es muy clara, aunque pueda parecer dura: la inconstitucionalidad, por vulnerar el art. 24.2. CE, de cualquier norma que altere, una vez iniciado el proceso, cualesquiera de las predeterminaciones legales que conducen a que el conocimiento del asunto corra a cargo de otro órgano jurisdiccional[5]. Lo cual, unido al carácter absolutamente cogente de las normas competenciales, nos conduce inevitablemente a considerar nulo de pleno derecho todo lo actuado en sede jurisdiccional con arreglo a la nueva norma competencial. En efecto, son muy «graves» las consecuencias que proponemos, pero más grave sería permitir que una ley o, más grave aún, que la jurisprudencia, de facto, puedan derogar la Constitución, y que las actuaciones amparadas en aquella sean válidas y eficaces. Como tantas veces he señalado, con palabras del profesor DE LA OLIVA SANTOS, «si vale lo que se hace en violación del derecho fundamental al juez legalmente predeterminado, es ese derecho fundamental el que no vale»[6].

Pues bien, llegados a este punto, podemos convenir que, normalmente, nada puede hacerse para impedir que los dirigentes de un partido político incluyan o dejen de incluir un determinado nombre en una lista electoral para conseguir el aforamiento o *desaforamiento* de éste, en

5 Es este sentido se pronuncia el aislado ATS (2ª), de 18 de junio de 1997 (Rec. de Cas. 196/1997), que interpreta correctamente el principio de la "*perpetuatio iurisdictionis*" frente al principio "*tempus regit actum*": "*Invoca el recurrente la aplicación del principio "tempus regit actum", referido a la determinación de la norma aplicable en el caso de sucesión de normas; sin embargo dicho aforismo afecta a las normas que regulan la actividad procesal, que se aplican –salvo disposición en contrario– a situaciones procesales que se producen una vez entrada en vigor la nueva norma, mas dicho principio no va dirigido a materia distinta a la actividad procesal, como es la atinente al órgano jurisdiccional y a los presupuestos procesales –la competencia objetiva entre ellos que la afectan*" (Fto. Jdco. Único).

6 DE LA OLIVA SANTOS, A., *Los verdaderos tribunales en España: legalidad y derecho al juez predeterminado por la ley*, Madrid, Edit. C.E.R.A., 1992, pg. 127. Vid. el Anexo final ("Inasequible al desaliento").

la creencia de que ese acto político pueda ser útil para eludir la acción de la Justicia encarnada en determinado Juez o Magistrado instructor; sin embargo, el Derecho, con mayúsculas, debe ponerse al servicio de los ciudadanos y erigirse en el instrumento que evite esta "disponibilidad" de las normas de atribución de competencia objetiva. Nos hemos acostumbrado a tolerar de forma acrítica esta situación de desigualdad injustificable que les permite a unos justiciables "elegir" a quienes les van a investigar y a juzgar, mientras que a la inmensa mayoría, a los taxistas, a los fontaneros, a los administrativos, a los médicos, a los profesores universitarios, etc., se nos impone, como es lógico, el tribunal que ha de enjuiciar nuestros ilícitos penales, porque es el *predeterminado por la ley.*

Como tendremos ocasión de comprobar a lo largo de este modesto trabajo, todo esto no estaría sucediendo si el Tribunal Supremo, como intérprete máximo de la legalidad ordinaria, y el Tribunal Constitucional, como supremo intérprete de la Constitución, hubieran reparado, a estas alturas del S.XXI, en que existe una institución jurídico-procesal milenaria, con apoyo actualmente en el artículo 24.2 CE, la «*perpetuatio iurisdictionis*», que, en relación con la determinación de la competencia objetiva de los tribunales, debe impedir este trasiego de causas de unos tribunales a otros. Porque, con el debido respeto a tan altas Magistraturas y a sus decisiones, es más que discutible que desaparezca el fuero cuando se pierde el cargo que lo sustentaba. La exigencia constitucional de la predeterminación legal del tribunal (art.24.2 CE), la «*perpetuatio iurisdictionis*», impone una solución bien distinta.

2. BREVE RECORDATORIO DEL RÉGIMEN LEGAL DE LA COMPETENCIA OBJETIVA DE LOS TRIBUNALES PENALES POR RAZÓN DEL AFORAMIENTO DE NUESTROS PARLAMENTARIOS

En España, la atribución a un tribunal penal del conocimiento del juicio oral se hace mediante normas denominadas de *competencia objetiva*; la determinación de la ciudad o población en la que va a radicarse el juicio, en caso de que haya más de un tribunal con competencia objetiva, se realiza gracias a las normas de *competencia territorial.* Y una vez que se ha determinado el tipo de órgano que va a dictar la sentencia en primera o única instancia y la circunscripción en la que va a actuar el tribunal, automáticamente entran en funcionamiento las normas de *competencia funcional,* que determinan qué órgano u órganos se ocuparán, sucesivamente, de las fases de instrucción, de impugnación y de ejecución.

En efecto, una vez que se ha determinado que un asunto va a ser conocido, por su naturaleza delictiva (normalmente aplicando el criterio universal del «*forum delicti commissi*», lugar de la comisión del ilícito penal), por los tribunales penales españoles, el siguiente paso -en aras de determinar el juez o tribunal predeterminado por la ley- consiste en hallar el órgano que ha de juzgar en primera o única instancia, es decir, el que va a dictar la sentencia que resuelva el fondo del asunto (si el proceso llega a la fase de juicio oral). Las normas que regulan esta primera determinación son las llamadas normas de *competencia objetiva*, y en su determinación hay que aplicar, sucesivamente, hasta tres criterios diferentes: dos especiales, uno por razón de la *persona* y otro por razón de la *materia*, más el criterio ordinario o común que atiende a la *mayor o menor gravedad del hecho enjuiciado*, y que se cifra en la pena asociada a la infracción. Estos tres criterios están jerarquizados en el orden de su aplicación, de forma que los criterios especiales priman sobre el ordinario; y entre los especiales, la atribución por razón de la persona es preferente a la realizada en razón de la materia.

La atribución de competencia objetiva por razón de la persona afecta a dos grupos de sujetos: por un lado, a los *menores de edad* y, por otro, a los *aforados*. En cuanto a los primeros, simplemente debemos mencionar aquí que cuando el proceso penal se dirige frente a una persona menor de edad penal, es decir, de entre catorce y dieciocho años, la ley no sólo establece un procedimiento específico para atender a las peculiaridades que presentan estas causas, sino que también se encomiendan a órganos penales específicos, como son los *Juzgados de Menores*.

Pero el objeto de este trabajo es analizar el contenido y alcance de los *aforamientos* en el ordenamiento jurídico español que, como es sabido, suponen la atribución del conocimiento de las causas penales que se dirigen contra determinados altos cargos públicos o contra representantes políticos en el Parlamento de la nación, o en alguna Asamblea autonómica, a órganos judiciales distintos, y superiores en la jerarquía, a los que corresponderían según las reglas ordinarias. Ello implica que, en principio, estos investigados no van a ser enjuiciados por el mismo tribunal que le correspondería a cualquier ciudadano de *a pie*, sino que deben ser juzgados directamente por el Tribunal Supremo (en el caso de los Diputados y Senadores) –artº 71.3 Constitución Española (CE)– o por los Tribunales Superiores de Justicia (en el caso de los miembros electos de las Asambleas autonómicas –art. 73.3.a) Ley Orgánica del Poder Judicial). Para la mayoría de los autores no se trata de un privilegio jurídico de las personas que ostentan tales cargos, sino de una garantía para proteger el libre ejercicio de ciertas funciones con alcance constitucional, que se consideran esenciales para la vida democrática del país[7].

7 Vid. CUBILLO LÓPEZ, I., «La determinación del órgano competente en el orden penal: algunos problemas pendientes», en *Los sujetos protagonistas del proceso penal, cit.*, pg. 141. Aunque es un tema discutible, la opinión generalizada considera que los aforamientos no constituyen un privilegio personal de los sujetos que ostentan un determinado cargo o función representativa, sino que es una garantía necesaria para la protección del libre ejercicio de ciertas funciones con alcance constitucional, que se consideran esenciales para la vida democrática del país (vid. STC (1ª) 22/1997, de 11 de febrero, Ftos. Jdcos. 5º y 6º). En este sentido, LUCAS MURILLO prefiere hablar de «garantías parlamentarias»: «he preferido, sin embargo, referirme a ellas como "garantías parlamentarias" porque, de un lado, es en lo que consisten en realidad. Y porque, de otro lado, aunque al considerarlas prerrogativas ya no se las presenta como formas de desigualdad injustificadas, sin embargo, esa denominación sigue poniendo de relieve su carácter excepcional. Creo que debe primar, frente a la singularidad que, ciertamente, suponen, la justificación que las hace plenamente admisibles en el régimen constitucional: la de reforzar la protección jurídica de los representantes elegidos libre y democráticamente por los ciudadanos para que se hallen en las mejores condiciones para ejercer sin cortapisas su cometido» (Vid. LUCAS MURILLO, P., «Las garantías parlamentarias en la experiencia constitucional española», en *Revista de las Cortes Generales,* nº 108, Primer semestre (2020), pg. 134). En similar sentido, de no considerar el aforamiento como privilegio, vid. ARNALDO ALCUBILLA, E., *Las razones del aforamiento,* Ma-

2.1. El aforamiento de los Diputados y Senadores

El aforamiento por excelencia, y reconocido expresamente en la Constitución, es el de los parlamentarios, pues el art. 71 CE recoge una serie de medidas para garantizar que éstos puedan desarrollar su función sin injerencias perturbadoras[8]. En particular, el nº 3 de este precepto, en relación con su aforamiento establece que: «En las causas contra Diputados y Senadores será competente *la Sala de lo Penal del Tribunal Supremo*». Así pues, la instrucción y el enjuiciamiento de las causas penales que se dirijan contra tales representantes, quedan bajo la competencia de la Sala 2ª del TS: un Magistrado de esta Sala instruirá y varios Magistrados del mismo órgano –distintos del anterior– formarán Sala para juzgar. Debemos reparar en que el art. 71.3 CE no dice que los Diputados y Senadores quedan sometidos a la competencia objetiva del TS durante el tiempo en que ejerzan su mandato, a diferencia de lo que sucede en el apartado segundo del citado precepto, referido a la inmunidad parlamentaria. Tan solo se refiere al aforamiento ante el TS, lo cual tiene una gran importancia, como más adelante iremos viendo. Por otra parte, tampoco se acota en modo alguno el ámbito delictual, por lo que debe entenderse que si un parlamentario comete una infracción penal

---

drid, BOE (Col. Derecho público), 2021, pg. 92. Por el contrario, otros autores, con los que nos identificamos, prefieren hablar, sin ambages, de auténtico privilegio: GÓMEZ COLOMER, J. L., «Privilegios procesales inconstitucionales e innecesarios en la España democrática del Siglo XXI: el sorprendente mantenimiento de la institución del aforamiento», en Teoría y realidad constitucional, nº 38, 2016, págs. 239-275; DOLZ LAGO, M. J., «Aforados», en Actualidad Jurídica Aranzadi, núm. 885/2014; VIADA BARDAJÍ, S., «Inmunidad, impunidad… ¿Justicia?», en *Diario El Mundo*, *Tribuna* del día 20 de octubre de 2014.

8 Vid. STC (1ª) 22/1997, de 11 de febrero, que, en referencia al fundamento de los aforamientos parlamentarios dice: «Aflora así la finalidad cuya salvaguarda se persigue mediante la constitucionalización de la prerrogativa de aforamiento especial de Diputados y Senadores. Proteger la propia independencia y sosiego, tanto del órgano legislativo como del jurisdiccional, frente a potenciales presiones externas o las que pudiese ejercer el propio encausado por razón del cargo político e institucional que desempeña […]» (Fto. Jdco. 6º).

que nada tiene que ver con su cargo o función, esa infracción también quedará cubierta por el fuero ante el TS.

A este régimen se asimilan los representantes españoles electos en el Parlamento Europeo, en virtud del *Protocolo sobre los privilegios e inmunidades en las Comunidades Europeas* de 1965, y por disposición del Reglamento del Parlamento Europeo, ya que los miembros de este órgano gozarán en su Estado de los privilegios, inmunidades y aforamientos reconocidos a los miembros del Parlamento de su país[9]. Y el Protocolo n.º 7 sobre los *Privilegios y las Inmunidades de la Unión Europea*, en su artículo 9 (sobre *inmunidad*), establece que, en el territorio de su Estado los miembros del Parlamento Europeo gozarán de las inmunidades garantizadas a los miembros de su Parlamento. O sea, las del artículo 71 de la CE[10]. De esta forma, siempre que nos refiramos a los parlamentarios nacionales, quedan incluidos también los representantes españoles ante el Parlamento Europeo.

Finalmente, y aunque sobre esta cuestión volveremos más adelante, cabe avanzar que si, por razón de la materia, el delito cometido por cualquiera de los sujetos aludidos en este apartado debiera ser enjuiciado además por el Tribunal del Jurado, éste no será el Tribunal que les juzgue, sino directamente la Sala 2ª TS (art. 2, en relación con el art. 1.3 LOTJ). En efecto, aunque nada impediría entender que un Diputado o Senador también pudiera ser enjuiciado por un Tribunal del Jurado, desde muy temprano, nada más promulgarse la Ley Orgánica del Tribunal del Jurado (LOTJ), en el año 1995, siguiendo la «doctrina» de la Fiscalía General del Estado (Circular FGE 3/1995), el TS excluyó que el Jurado se aplicara a sus aforados. De hecho, desde la entrada en vigor de la LOPJ hasta el día de hoy, no se ha constituido nunca en Tribunal del Jurado en el seno de la Sala 2ª del TS, tal y como, aparentemente, parecen permitir los artículos 1.3 y 2. 1. II LOTJ[11].

---

9 Vid. GÓMEZ COLOMER, J. L. y ESPARZA LEIBAR, I., *Tratado Jurisprudencial... cit.*, págs. 715 y ss.

10 LUCAS MURILLO, P., «Las garantías parlamentarias en la experiencia constitucional española», *cit.*, pg. 137.

11 Vid. *ut infra*, *Capítulo III, 3.4.*

2.2. El aforamiento de los Parlamentarios autonómicos

En virtud de lo establecido en el art. 73.3. a) LOPJ, en combinación con lo dispuesto en los diferentes Estatutos de Autonomía, puede afirmarse que le corresponde a la Sala de lo Civil y Penal de los Tribunales Superiores de Justicia (TSJ), en cuanto Sala de lo Penal, conocer de las causas por delitos cometidos por los Diputados autonómicos en el territorio de su respectiva Comunidad. La misma suerte siguen los miembros del gobierno autonómico, incluido su presidente, siempre que lo prevea el Estatuto de Autonomía[12], y, en cualquier caso, los jueces, magistrados y miembros del Ministerio Fiscal por delitos o faltas cometidos en el ejercicio de su cargo en la comunidad autónoma, siempre que esta atribución no corresponda al Tribunal Supremo (art. 73.3. b) LOPJ). Igualmente, si el delito cometido por alguno de los sujetos anteriores además debiera ser enjuiciado por el Tribunal del Jurado, éste se constituiría en el seno del TSJ.

Los aforamientos ante el TSJ recogidos en los Estatutos de Autonomía relativos a los cargos públicos que desempeñan sus funciones en el Poder legislativo y en el Poder ejecutivo, responden, a nuestro juicio, a un planteamiento análogo respecto a los previstos ante el TS en

12 Como señala MARCHENA GÓMEZ, M., «Procesos penales contra aforados», en *Cuestiones de Derecho Procesal Penal* (*Cuadernos de Derecho Judicial*, 1994), pg. 513, el régimen jurídico establecido por los distintos Estatutos de Autonomía «no es del todo uniforme» respecto al aforamiento de los miembros de los diferentes consejos de gobierno autonómicos. Por regla general, otorgan competencia ante el TSJ, pero a veces se la otorgan al TS si el delito se ha cometido fuera del ámbito geográfico de la Comunidad correspondiente. Llama la atención el «sobreaformaniento» –en palabras de ESPIGADO GUEDES– o sobreprotección que otorga el Estatuto de Autonomía de Madrid al presidente de la Comunidad (art.25.1), cuyas causas penales siempre competen a la Sala de lo Penal del TS, en vez de a la Sala Civil y Penal del TSJ, regulación que hubiera sido más acorde con los demás Estatutos. Vid. ESPIGADO GUEDES, D., «Los privilegios parlamentarios en cuestión. Una revisión de la inmunidad y el aforamiento en el Derecho español», en *Revista Online de Estudiantes de Derecho* (ROED), Universidad Autónoma de Madrid, nº 3 (2013), supervisado por la Profesora Ariza Colmenarejo (UAM), pg. 8.

el art. 57.1.2º LOPJ, es decir, también se orientan a salvaguardar el libre ejercicio de las funciones asociadas a esos cargos[13]. Sin embargo, en el caso de los fueros para los miembros de las carreras judicial y fiscal, el aforamiento comprende solo los delitos que hayan sido «cometidos en el ejercicio del cargo». De manera que, si un juez o fiscal comete una infracción penal que nada tiene que ver con su cargo o función, esa infracción no quedará cubierta por el fuero –ante el TSJ– sino que tendrá que ser enjuiciada por el órgano que corresponda según las reglas ordinarias de competencia. De ello se desprende que estos aforamientos no tienen como finalidad principal proteger a los sujetos a quienes alcanzan –jueces y fiscales– de las posibles presiones que, con motivo de un proceso penal dirigido contra ellos, pudieran padecer, sino que atienden a la necesidad de velar por el correcto ejercicio de la importantísima misión que la sociedad les encomienda; de suerte que, en caso de quebrantar esta confianza por causa de la comisión de un ilícito penal, y solo en estos casos, deberán ser juzgados por un órgano jurisdiccional distinto al que correspondería con las normas generales de atribución de competencia objetiva. Por lo tanto, no ofrece duda que el alcance de estos últimos fueros (jueces y fiscales) difiere de los anteriores (parlamentarios autonómicos), aunque tengan como común denominador la atribución de competencia a los TSJ.

2.3. Otros aforamientos

Al igual que los Diputados y Senadores están aforados ante la Sala 2ª del TS los miembros de otros órganos constitucionales o cargos públicos que desempeñan también tareas de relevancia constitucional,

---

13 Como apunta LUCAS MURILLO, P., «Las garantías parlamentarias en la experiencia constitucional española», *cit.*, pg. 134: «la mención a los parlamentarios autonómicos se justifica porque las asambleas legislativas de las comunidades autónomas comparten con las Cortes Generales el ejercicio de la potestad legislativa y, por eso, los distintos estatutos de autonomía han previsto para ellos formas de protección semejantes, aunque no iguales en todo, según veremos, a las que la Constitución ofrece a diputados y senadores».

como sucede con los integrantes del Gobierno o con los que ejercen funciones gubernativas en el propio Poder Judicial, entre otros, también están aforados en el TS. Así, los artículos 55 bis y 57.1.2º y 3º LOPJ otorgan competencia objetiva a la Sala 2ª del TS para conocer, en exclusiva, de las causas penales seguidas contra: *la Reina consorte o el consorte de la Reina, la Princesa o Príncipe de Asturias y su consorte, así como contra el Rey o Reina que hubiere abdicado y su consorte; el Presidente del Gobierno, Presidentes del Congreso y del Senado, Presidente del Tribunal Supremo y del Consejo General del Poder Judicial, Presidente del Tribunal Constitucional, miembros del Gobierno, Diputados y Senadores, Vocales del Consejo General del Poder Judicial, Magistrados del Tribunal Constitucional y del Tribunal Supremo, Presidente de la Audiencia Nacional y de cualquiera de sus Salas y de los Tribunales Superiores de Justicia, Fiscal General del Estado, Fiscales de Sala del Tribunal Supremo, Presidente y Consejeros del Tribunal de Cuentas, Presidente y Consejeros del Consejo de Estado y Defensor del Pueblo, así como de las causas que, en su caso, determinen los Estatutos de Autonomía; los Magistrados de la Audiencia Nacional, de un Tribunal Superior de Justicia o de los Fiscales europeos delegados.*

También están aforados en el TS, aunque no en la Sala 2ª, sino en la Sala Especial prevista en el artº. 61 LOPJ, *los Presidentes de Sala o contra los Magistrados de una Sala, cuando sean Juzgados todos o la mayor parte de los que la constituyen.*

La nómina de los aforamientos en España se puede completar, sin ánimo de ser exhaustivos, con el resto de cargos y personas enumeradas en el artº. 73.3 LOPJ, ante el TSJ; con los aforados ante las Audiencias Provinciales (por los delitos perpetrados en el ejercicio de sus funciones por los miembros de los Cuerpos y Fuerzas de la seguridad del estado ex artº. 8.1 de la LO 2/1986, de 13 de marzo) y los aforamientos militares en la Sala 5ª del TS (arts. 23.2 y 34.1 de la LO 4/1987, de 15 de julio, de competencia y organización de la jurisdicción militar[14].

---

14 Vid. DEL MORAL GARCÍA, A., «Repensando los aforamientos», en *Teoría y Derecho. Revista de pensamiento jurídico*, nº 31, 2021 (ejemplar especial dedicado a inviolabilidades, inmunidades y aforamientos), Tirant lo Blanch, pág. 139.

3. DELIMITACIÓN DEL OBJETO DE LA REFLEXIÓN

Como esbozábamos en las primeras líneas introductorias de este trabajo, a pesar de que son muchos los aspectos que podrían estudiarse en relación con la institución político-procesal del aforamiento (origen, fundamento, diferencias entre el aforamiento y la inviolabilidad, etc. [15]), nos vamos a centrar exclusivamente en la problemática competencial que afecta a los tribunales penales cuando una persona inculpada adquiere o, por el contrario, pierde su condición de aforado. Más en concreto, por circunscribir aún más el objeto de nuestro estudio, nos centraremos, fundamentalmente, en la figura de nuestros parlamentarios nacionales (Diputados y Senadores), aunque también nos fijaremos a veces en diputados autonómicos.

En este ámbito, se hace necesario dar cuenta de algunos criterios interpretativos establecidos por la Sala Segunda del Tribunal Supremo que bien merecerían, a nuestro juicio, una reconsideración por parte del Alto Tribunal. En efecto, en los momentos actuales, sin apenas argumentación jurídica, y muchas veces sin suficiente apoyatura legal, nos hemos acostumbrado a convivir con una serie de afirmaciones que los magistrados de la Sala Segunda del TS vierten continuamente en sus autos y sentencias sobre este tema, que no dejan de sorprendernos. Sin ánimo de ser exhaustivos se nos dice, por ejemplo: a) que es admisible, incluso necesario, en la mayoría de los casos de aforamiento, que intervenga el juzgado de instrucción ordinario antes de que decida asumir la Sala Segunda del TS –o la Sala de lo Civil y Penal del TSJ– su competencia objetiva definitiva (esto es, viajes de ida y vuelta jurisdiccional, con los riesgo que ello conlleva respecto a una excesiva tardanza, o poner sobre aviso a los investigados[16]; o incluso el riesgo de que caduque el

---

15 Para un estudio más detallado de estas materias sigue siendo muy recomendable la consulta de GÓMEZ COLOMER, J.L. y ESPARZA LEIBAR, I., *Tratado Jurisprudencial de Aforamientos Procesales*, Valencia, Tirant lo Blanch, 2012.

16 Vid. VIADA BARDAJÍ, S., «Inmunidad, impunidad… ¿Justicia?», *cit.*: «[…] *El Tribunal Supremo analizará la causa y decidirá si procede o no asumir la investigación del caso. En el caso de que así se acuerde, y si hay motivos para ello, solicitará a las Cor-*

plazo de instrucción, conforme al nuevo art. 324 LECRIM); b) que es admisible, en algunos casos, sin límites, el «peregrinaje» de los aforados de un tribunal a otro, en función de que adquieran o pierdan dicha condición de privilegio, durante la tramitación del proceso; c) que a pesar del relativamente reciente cambio normativo, en 2015, aún no tengamos claros los criterios que se aplican para la desconexión (enjuiciamiento separado) de la causa de un aforado del resto de coautores. El enjuiciamiento separado, que en sí mismo puede ser positivo, no opera siempre de la misma manera.

Esperamos que este modesto libro sirva en algo al esclarecimiento de todas estas cuestiones discutibles que, ante la voluntaria pasividad del legislador (esto es, de los propios aforados), se encuentran sólo en manos de una voluble jurisprudencia que, algunos no dudamos en calificar como contraria a la ley (sí: «*contra legem*»).

tes autorización para proceder contra la persona investigada. El caso, pues, se debatirá en sede parlamentaria; pero con independencia de que se conceda o no la autorización para proceder, el afectado estará avisado y con ello perdido el efecto sorpresa de la investigación; estará seguramente avisado desde antes, desde que el juez de instrucción eleva la causa al Tribunal Supremo, ya que estas cosas normalmente trascienden. Estas medidas de investigación, que en ocasiones son imprescindibles para luchar contra la corrupción no son operativas en causas contra senadores y diputados y habría quizá que preguntarse si este nicho de impunidad (más que de inmunidad) está o no justificado, porque al fin y al cabo se trata de privilegios que debieran ser tratados de manera restrictiva […]».

CAPÍTULO II
EL APARATO LEGISLATIVO DE LOS AFORAMIENTOS PENALES

1. EL EQUÍVOCO DE QUE LA LEGISLACIÓN EN ESTA MATERIA ES «INEXISTENTE»

Es frecuente leer en muchas resoluciones jurisdiccionales sobre los aforamientos expresiones como que «no es necesario insistir que en estos temas las normas de aplicación son prácticamente inexistentes», o «la falta de una regulación normativa sobre estas cuestiones relacionadas con el aforamiento, contribuye a un cierto confusionismo que solo podrá disiparse con absoluta certeza por la vía legal, y entre tanto, deberá ser esta Sala Casacional, como último intérprete de la legalidad penal y procesal, la que deba facilitar la solución del caso con claridad y seguridad» [vid., por todas, la STS (2ª) núm. 869/2014, de 10 de diciembre]. Idea que, a veces, es reforzada por algún autor, ya sea desde la procesalística[17], ya sea desde el Derecho Constitucional[18].

---

17 CALDERÓN CUADRADO, Mª P., Tribunales superiores… y justicia (Aforamientos, casación y otras cuestiones orgánicas y funcionales de las salas de lo civil y penal), Valencia, Tirant lo Blanch, 2015, pg. 106: «[…] No es necesario indicar que en estos temas las normas de aplicación son prácticamente inexistentes».

18 LUCAS MURILLO, P., «Las garantías parlamentarias en la experiencia constitucional española», en *Revista de las Cortes Generales, cit.*, págs. 161 y ss.; MARTÍNEZ

Incluso el propio Consejo de Estado, en su Informe nº 1/2018, de 15 de noviembre de 2018, con motivo de la *non nata* reforma de los aforamientos constitucionales, a través de una nueva redacción de los artículos 71 y 102 de la CE, que hubiera limitado el privilegio del fuero de Parlamentarios y Presidente y Miembros del Gobierno, puesto que restringían el mismo a las conductas criminales *exclusivamente relacionadas con las funciones* propias del cargo, viene a reforzar esa idea con la siguiente reflexión: «*resulta conveniente una regulación más completa de los procedimientos que incluyan un factor de aforamiento, teniendo en cuenta en particular razones de seguridad jurídica, puesto que muchos de los problemas y dudas suscitados a lo largo del tiempo se han ido solucionando por la jurisprudencia, ante la insuficiencia de las previsiones legales (algunas de ellas ciertamente desfasadas, como muchas de las de la Ley de 9 de febrero de 1912, que podría quedar así expresamente derogada)*»[19].

Pero la realidad desmiente a los magistrados del TS y a los Consejeros de Estado, ya que hay un *importante aparato legislativo* sobre el enjuiciamiento de las causas contra Senadores y Diputados, que también puede aplicarse analógicamente, en gran medida, a los aforamientos de los diputados autonómicos. Se trata, ciertamente, de un conjunto normativo disperso, que seguramente habría que unificar y sistematizar, pero que es lo suficientemente completo, a nuestro juicio, para que el TS (con la inestimable colaboración del Tribunal Constitucional) no hubiera tenido que «rectificar» el contenido de muchos preceptos que, a nuestro juicio, a pesar de su longevidad, lejos de estar desfasados, se amoldan perfectamente a las exigencias de la Constitución de 1978. Repasemos el listado de normas, de mayor a menor relevancia en su aplicación, que no pretende se exhaustiva, sino ejemplificativa de lo errado del punto de partida jurisprudencial.

SOSPEDRA, M., *Privilegio discutido. La inmunidad parlamentaria en el Derecho español*, cit., págs. 418 y ss.

19 Vid. Informe del Consejo de Estado nº 1/2018, de 15 de noviembre, sobre *propuesta de reforma constitucional en materia de aforamiento*, pg. 38. Disponible en: https://static.ecestaticos.com/file/959/e32/788/959e32788e813d632d101809cb869f14.pdf.

a) En la *Constitución española (CE)*:

– Artº. 24.2: «Todos tienen *derecho al Juez ordinario predeterminado por la ley»*.

– Arts. 71. 2 y 3: «2. Durante el período de su mandato los Diputados y Senadores gozarán asimismo de inmunidad y sólo podrán ser detenidos en caso de flagrante delito. No podrán ser inculpados ni procesados sin la previa autorización de la Cámara respectiva; 3. *En las causas contra Diputados y Senadores será competente la Sala de lo Penal del Tribunal Supremo»*.

b) En la *Ley Orgánica del Poder Judicial (LOPJ)*:

– Artº. 57.1.2º: «La Sala de lo Penal del Tribunal Supremo conocerá: *de la instrucción y enjuiciamiento de las causas contra (…), Diputados y Senadores* (…)».

– Artº. 57.2: «En las causas a que se refieren los números segundo y tercero del párrafo anterior *se designará de entre los miembros de la Sala, conforme a un turno preestablecido, un instructor, que no formará parte de la misma para enjuiciarlas»*.

– Artº 73.3: «La Sala de lo Civil y Penal del TSJ, en cuanto sala de lo Penal conocerá: del conocimiento de las causas penales que los *Estatutos de Autonomía* reservan al conocimiento de los Tribunales Superiores de Justicia».

– Artº. 73.4: «Para la instrucción de las causas a que se refieren los párrafos a) y b) del apartado anterior *se designará de entre los miembros de la Sala, conforme a un turno preestablecido, un instructor que no formará parte de la misma para enjuiciarlas»*.

c) En la *Ley de Enjuiciamiento Criminal* (LECRIM):

– Artº. 11: «El conocimiento de las causas por delitos en que aparezcan a la vez culpables personas sujetas a la jurisdicción ordinaria *y otras aforadas* corresponderá a la ordinaria, salvo las excepciones consignadas expresamente en las Leyes respecto a la competencia de otra jurisdicción».

- Artº. 12: «Sin embargo de lo dispuesto en el artículo anterior, la jurisdicción ordinaria será siempre competente *para prevenir las causas por delitos que cometan los aforados.*

  Esta competencia se limitará a instruir las primeras diligencias, concluidas las cuales la jurisdicción ordinaria remitirá las actuaciones al Juez o Tribunal que deba conocer de la causa con arreglo a las Leyes, y pondrá a su disposición a los detenidos y los efectos ocupados.

  La jurisdicción ordinaria cesará en las primeras diligencias tan luego como conste que la especial competente instruye causa sobre el mismo delito.

  Los autos de inhibición de esta clase que pronuncien los Jueces instructores de la jurisdicción ordinaria son apelables ante la respectiva Audiencia.

  Entre tanto que se sustancia y decide el recurso de apelación, se cumplirá lo dispuesto en el artículo 22, párrafo segundo, a cuyo efecto y para la sustanciación del recurso se remitirá el correspondiente testimonio».

- Artº. 13: «*Se consideran como primeras diligencias la de consignar las pruebas del delito que puedan desaparecer, la de recoger y poner en custodia cuanto conduzca a su comprobación y a la identificación del delincuente, la de detener, en su caso, a los presuntos responsables del delito, y la de proteger a los ofendidos o perjudicados por el mismo, a sus familiares o a otras personas, pudiendo acordarse a tal efecto las medidas cautelares* a las que se refiere el artículo 544 bis o la orden de protección prevista en el artículo 544 ter de esta ley».

- Artº. 17 (sobre la conexión de delitos): «1. Cada delito dará lugar a la formación de una única causa.

  No obstante, los delitos conexos serán investigados y enjuiciados en la misma causa cuando la investigación y la prueba en conjunto de los hechos resulten convenientes para su esclarecimiento y para la determinación de las responsabilidades procedentes *salvo que suponga excesiva complejidad o dilación para el proceso.*

2. A los efectos de la atribución de jurisdicción y de la distribución de la competencia se consideran delitos conexos:

1.º Los cometidos por dos o más personas reunidas.

2.º Los cometidos por dos o más personas en distintos lugares o tiempos si hubiera precedido concierto para ello.

3.º Los cometidos como medio para perpetrar otros o facilitar su ejecución.

4.º Los cometidos para procurar la impunidad de otros delitos.

5.º Los delitos de favorecimiento real y personal y el blanqueo de capitales respecto al delito antecedente.

6.º Los cometidos por diversas personas cuando se ocasionen lesiones o daños recíprocos.

3. Los delitos que no sean conexos pero hayan sido cometidos por la misma persona y tengan analogía o relación entre sí, cuando sean de la competencia del mismo órgano judicial, podrán ser enjuiciados en la misma causa, a instancia del Ministerio Fiscal, si la investigación y la prueba en conjunto de los hechos resultan convenientes *para su esclarecimiento y para la determinación de las responsabilidades procedentes, salvo que suponga excesiva complejidad o dilación para el proceso*».

- Artº. 118 bis (sobre el derecho de defensa de Diputados y Senadores en igualdad de condiciones que el resto de investigados): «*Del mismo modo que en el artículo anterior se procederá cuando se impute un acto punible contra un Diputado o Senador, los cuales podrán ejercitar su derecho de defensa en los términos previstos en el artículo anterior, y todo ello sin perjuicio de lo previsto en el artículo 71.2 y 3 de la Constitución española*».

- Artº. 272 (interposición de la querella ante el TS cuando hay aforados y no aforados): «La querella se interpondrá ante el Juez de instrucción competente.

  Si el querellado estuviere sometido por disposición especial de la Ley a determinado Tribunal, ante éste se interpondrá la querella.

  Lo mismo se hará cuando fueren varios los querellados por un mismo delito o por dos o más conexos y alguno de aquéllos estuviere sometido excepcionalmente a un Tribunal que no fuere el llamado a conocer, por regla general, del delito».
- Artº. 303, V (de la formación del sumario por jueces de instrucción «ordinarios»): «*Cuando el delito fuese por su naturaleza de aquellos que solamente pueden cometerse por Autoridades o funcionarios sujetos a un fuero superior, los Jueces de instrucción ordinarios, en casos urgentes, podrán acordar las medidas de precaución necesarias para evitar su ocultación; pero remitirán las diligencias en el término más breve posible, que en ningún caso podrá exceder de tres días, al Tribunal competente, el cual resolverá sobre la incoación del sumario, y, en su día, sobre si ha o no lugar al procesamiento de la Autoridad o funcionario inculpados*».
- Título I, del Libro IV (arts. 750 a 756: preceptos generales que regulan, desde 1882, el modo de proceder cuando fuere procesado un Senador o Diputado a Cortes):
- Artº. 750: «El Juez o Tribunal que encuentre méritos para procesar a un Senador o Diputado a Cortes por causa de delito, se abstendrá de dirigir el procedimiento contra él si las Cortes estuvieren abiertas, *hasta obtener la correspondiente autorización del Cuerpo Colegislador a que pertenezca*» (suplicatorio).
- Artº. 751: «Cuando el Senador o Diputado a Cortes fuere delincuente *in fraganti, podrá ser detenido y procesado sin la autorización a que se refiere el artículo anterior; pero en las veinticuatro horas siguientes a la detención o procesa-*

miento deberá ponerse lo hecho en conocimiento del Cuerpo Colegislador a que corresponda.

Se pondrá también en conocimiento del Cuerpo Colegislador respectivo la causa que existiere pendiente contra el que, estando procesado, hubiese sido elegido Senador o Diputado a Cortes».

- Artº. 752: «*Si un Senador o Diputado a Cortes fuese procesado durante un interregno parlamentario, deberá el Juez o Tribunal que conozca de la causa ponerlo inmediatamente en conocimiento del respectivo Cuerpo Colegislador.*

  Lo mismo se observará cuando haya sido procesado un Senador o Diputado a Cortes electo antes de reunirse éstas».

- Artº. 753: «En todo caso, se suspenderán por el Secretario judicial[20] los procedimientos desde el día en que se dé conocimiento a las Cortes, estén o no abiertas, permaneciendo las cosas en el estado en que entonces se hallen, hasta que el Cuerpo Colegislador respectivo resuelva lo que tenga por conveniente».

- Artº. 754: «Si el Senado o el Congreso negasen la autorización pedida, se sobreseerá respecto al Senador o Diputado a Cortes; pero continuará la causa contra los demás procesados».

- Artº. 755: «La autorización se pedirá en forma de suplicatorio, remitiendo con éste, y con el carácter de reservado, el testimonio de los cargos que resulten contra el Senador o Diputado, con inclusión de los dictámenes del Fiscal y de las peticiones particulares en que se haya solicitado la autorización».

- Artº. 756: «El suplicatorio se remitirá por conducto del Ministro de Gracia y Justicia».

d) En la *Ley de 9 de febrero de 1912, sobre competencia para conocer de las causas contra Diputados y Senadores*. Esta norma está

---

20 Ahora, Letrado de la Administración de Justicia.

formada por diez artículos y una Disposición Adicional que, a pesar de su longevidad, están vigentes en su práctica totalidad (ocho de diez, como luego veremos). Por su importancia, dedicaremos al comentario de esta norma el epígrafe siguiente, y la reproduciremos en su integridad al final de esta obra, en un *Anexo normativo*.

e) En el *Reglamento del Congreso*, de 10 de febrero de 1982: arts. 10 a 14 (*De las prerrogativas parlamentarias de los Diputados*).

- Artº. 10: «Los Diputados gozarán de inviolabilidad, aun después de haber cesado en su mandato, por las opiniones manifestadas en el ejercicio de sus funciones».

- Artº. 11: «Durante el período de su mandato, los Diputados gozarán asimismo de inmunidad y sólo podrán ser detenidos en caso de flagrante delito. No podrán ser inculpados ni procesados *sin la previa autorización del Congreso*».

- Artº. 12: «El Presidente del Congreso, una vez conocida la detención de un Diputado o cualquiera otra actuación judicial o gubernativa que pudiere obstaculizar el ejercicio de su mandato, adoptará de inmediato cuantas medidas sean necesarias para salvaguardar los derechos y prerrogativas de la Cámara y de sus miembros».

- Artº. 13: «1. *Recibido un suplicatorio*, en solicitud de la autorización del Congreso a que se refiere el artículo 11, el Presidente, previo acuerdo adoptado por la Mesa, lo remitirá, en el plazo de cinco días, a la Comisión del Estatuto de los Diputados. *No serán admitidos los suplicatorios que no fueren cursados y documentados en la forma exigida por las leyes procesales vigentes.*

  2. La Comisión deberá concluir su trabajo en el plazo máximo de treinta días tras la audiencia del interesado. La audiencia podrá evacuarse por escrito en el plazo que la Comisión fije u oralmente ante la propia Comisión.

3. Concluido el trabajo de la Comisión, la cuestión, debidamente documentada, será sometida al primer Pleno ordinario de la Cámara».

- Artº. 14: «1. En el plazo de ocho días, contados a partir del acuerdo del Pleno de la Cámara sobre concesión o denegación de la autorización solicitada, el *Presidente del Congreso dará traslado del mismo a la autoridad judicial, advirtiéndole de la obligación de comunicar a la Cámara los Autos y Sentencias que se dicten y afecten personalmente al Diputado.*

  2. *El suplicatorio se entenderá denegado si la Cámara no se hubiere pronunciado en el plazo de sesenta días naturales, computados durante el período de sesiones a partir del día siguiente al del recibo del suplicatorio*».

f) En el *Reglamento del Senado* de 3 de mayo de 1994: arts. 21 y 22 (*De las prerrogativas parlamentarias de los Senadores*).

- Artº. 21: «Los Senadores gozarán, aun después de haber cesado en su mandato, de inviolabilidad por las opiniones manifestadas en actos parlamentarios y por los votos emitidos en el ejercicio de su cargo».

- Artº. 22: «1. Durante el período de su mandato, los Senadores gozarán de inmunidad y no podrán ser retenidos ni detenidos salvo en caso de flagrante delito. La retención o detención será comunicada inmediatamente a la Presidencia del Senado.

  Los Senadores no podrán ser inculpados ni procesados sin la previa autorización del Senado, solicitada a través del correspondiente suplicatorio. Esta autorización será también necesaria en los procedimientos que estuvieren instruyéndose contra personas que, hallándose procesadas o inculpadas, accedan al cargo de Senador.

  2. El Presidente del Senado, una vez recibido el suplicatorio, lo remitirá acto seguido a la Comisión de Suplica-

torios, la cual, reclamando, en su caso, los antecedentes oportunos y con audiencia del interesado, deberá emitir dictamen en un plazo máximo de treinta días. El debate del dictamen será incluido en el orden del día del primer Pleno ordinario que se celebre.

3. El Senado se reunirá en sesión secreta para ser informado del dictamen sobre el suplicatorio de que se trate. Se podrá abrir debate relativo a la concesión del suplicatorio, con dos turnos a favor y dos en contra de forma alternativa.

4. *El Presidente del Senado, en el plazo de ocho días, contados a partir del acuerdo de la Cámara, dará traslado del mismo al Tribunal Supremo enviándole copia autorizada de la resolución adoptada.*

5. *El suplicatorio se entenderá denegado si la Cámara no se hubiese pronunciado sobre el mismo en el plazo de sesenta días naturales*, computados durante el período de sesiones, a partir del día siguiente al del recibo del suplicatorio.

6. *Concedido el suplicatorio y firme el auto de procesamiento, la Cámara podrá acordar por mayoría absoluta de sus miembros, y según la naturaleza de los hechos imputados, la suspensión temporal en la condición de Senador.*

La sesión en que la Cámara se pronuncie sobre la procedencia de la suspensión será también secreta, y en ella sólo se admitirán, en forma alternativa, dos turnos a favor y dos en contra, no concediéndose audiencia al Senador interesado.

En el supuesto de suspensión temporal a que este artículo se refiere, la Cámara, en su resolución, podrá acordar la privación de la asignación del Senador implicado hasta su terminación».

g) En la *Ley Orgánica 5/1995, de 22 de mayo, del Tribunal del Jurado.* Cuando se trate de delitos propios del ámbito del Tribunal del Jurado y estén imputados aforados, las reglas de competencia se combinan, de modo que el Tribunal del Jurado se constituye en el ámbito del tribunal al que conduce el aforamiento (Sala Penal del TS o Sala de lo Civil y Penal del TSJ)[21].

- Artº. 1. 3: «El juicio del Jurado se celebrará solo en el ámbito de la Audiencia Provincial *y, en su caso, de los Tribunales que correspondan por razón del aforamiento del acusado.* En todo caso quedan excluidos de la competencia del Jurado los delitos cuyo enjuiciamiento venga atribuido a la Audiencia Nacional y aquellos cuya competencia haya sido asumida por la Fiscalía Europea».

h) En la *Ley Orgánica 10/1995, de 23 de noviembre, del Código Penal* (Dentro de los *delitos contra las instituciones del Estado*).

- Artº. 501: «*La autoridad judicial que inculpare o procesare a un miembro de las Cortes Generales o de una Asamblea Legislativa de Comunidad Autónoma sin los requisitos establecidos por la legislación vigente, será castigada con la pena de inhabilitación especial para empleo o cargo público de diez a veinte años*».

Esta norma, a modo de cláusula de cierre, atemoriza a los jueces que osen investigar o procesar a un Diputado o Senador, o un miembro de una Asamblea legislativa autonómica sin cumplir escrupulosamente la «legislación vigente». Lo malo es que no siempre, a juicio del TS, se sabe cuál es la legislación aplicable, ora la relacionada anteriormente, o la «establecida» por el propio TS en sus erráticas resoluciones.

21 Sobre este punto volveremos más adelante, Capítulo III, epígrafe 3.4., cuando hablemos de las «invenciones» de los tribunales. A pesar del camino marcado por el TS, acompasado (o facilitado) por la discutible opinión de la Fiscalía (manifestada en la Circular FGE 3/1995) que dice que no se puede constituir en Tribunal del Jurado en el ámbito del TS, otra interpretación es posible. Pero este es otro tema que excede los límites de este trabajo (Vid. GÓMEZ COLOMER, J.L., «Privilegios procesales inconstitucionales e innecesarios en la España democrática del Siglo XXI: el sorprendente mantenimiento de la institución del aforamiento», en Teoría y realidad constitucional, nº 38, 2016).

2. LA «CLAVE DE BÓVEDA»: LA VIGENCIA DE LA PRECONSTITUCIONAL LEY DE 9 DE FEBRERO DE 1912, *SOBRE COMPETENCIA PARA CONOCER DE LAS CAUSAS CONTRA DIPUTADOS Y SENADORES*

Dentro de todo el entramado normativo relacionado anteriormente, puede llamar la atención la vigencia y aplicación de normas preconstitucionales, como pueden ser muchos de los preceptos de la LECRIM de 1882 y, sobre todo, de la Ley de 9 de febrero de 1912, sobre la *competencia para conocer de las causas contra Diputados y Senadores*[22].

Esta ley de 1912 es la verdadera «clave de bóveda» del conjunto normativo que afecta a los «aforamientos» de los Diputados y Senadores (y, por analogía, a las personas aforadas por ser miembros de la Asambleas legislativas de las Comunidades Autónomas), ya que es la norma que, junto con el artº 24. 2 CE (predeterminación legal del juez) sustenta el conjunto de las piezas legislativas en esta materia.

En efecto, este breve texto legislativo *novecentista*, de apenas diez artículos, en el que casi nadie repara, ¿o no interesa reparar en él?, se encuentran «casi todas» las soluciones a los problemas que presenta la atribución de competencia, objetiva y funcional, a los órganos jurisdiccionales que deben conocer de las sucesivas fases del enjuiciamiento de los aforados.

Es evidente que algunos pasajes de la Ley de 1912 han sido derogados tácitamente, unos por no existir desde hace muchísimo tiempo las instituciones a las que se hace referencia, como el *Consejo Supremo de Guerra y Marina* (equivalente remoto a la actual Sala 5ª, de lo Militar, del TS, cuya existencia se circunscribió al período de 1834 hasta 1931[23]) o los *Juzgados de instrucción de Guerra y Marina* (desaparecidos tras la instauración de la II República); otros por establecer preceptos contrarios a la CE de 1978 (D. Derog., apartado 3), como mencionaremos a continuación.

---

22 Vid. todo el articulado de la Ley de 1912 *ut infra*, *Anexo normativo*.

23 Antecedente del Consejo Supremo de Justicia Militar (1939-1988).

Como nos ilustra fielmente MARTÍN DE LLANO[24], a pesar de ser preconstitucional, la Ley de 1912 es, con carácter general, válida, puesto que se creó conforme a los procedimientos de producción normativa establecidos en el momento de su promulgación, y no ha sido expresamente derogada, ni tampoco lo ha sido tácitamente, puesto que no se opone al texto constitucional de 1978, ni nadie se ha cuestionado su inconstitucionalidad.

Tan solo, a nuestro juicio, y a la luz de la CE de 1978[25], dos son los preceptos de esta Ley que podrían entenderse derogados por oponerse a las previsiones del artº. 24. 2 CE, en cuanto a la exigencia de la predeterminación del juez al caso; a saber: el artº. 2º, párrafo II, el cual establecía originalmente que la causa debía ser conocida por el TS en cuanto se tuviera constancia de que una persona había adquirido la condición de Diputado o Senador; igualmente, cabría reputar inconstitucional el art. 10 de la Ley de 1912, donde se contemplaba que:

> «*Los preceptos de la presente ley regirán desde la fecha de su promulgación, aplicándose á los procesos en curso contra Senadores y Diputados, salvo que el Senador ó Diputado comprendido en el procedimiento reclame ser juzgado por el Juez ó Tribunal competente, con arreglo á las leyes ó disposiciones que vinieran rigiendo antes de dicha fecha.*
>
> *A fin de que este derecho pueda ejercitarse, el Juez ó Tribunal que conozca de las causas pendientes dará audiencia, por el término de cinco días, al Senador ó Diputado de quien se trate para que manifieste si opta por seguir en la misma jurisdicción, entendiéndose que de no hacerlo expresamente queda sometido á la nueva ley*».

Esta última norma choca frontalmente con el art. 24.2 CE y, a nuestro juicio, también con el art. 14 CE, por cuanto permitiría a un puñado de ciudadanos, en exclusiva, elegir el órgano competente para enjuiciar-

---

24 MARTÍN DE LLANO, Mª. I., «La vigencia de las normas preconstitucionales. La ley de 9 de febrero de 1912», en Aspectos constitucionales y procesales de la inmunidad parlamentaria en el ordenamiento español, Madrid, Dykinson, 2010, págs. 207-222. (Disponible en: ID vLex: 217444669).

25 Conforme a la Disposición Derogatoria, apartado 3 CE, «quedan derogadas cuantas disposiciones se opongan a lo establecido en esta Constitución».

les (aunque bien mirado, es lo que está sucediendo en España con los Diputados y Senadores cuando se desafueran «a la carta», en muchas ocasiones, como tendremos ocasión de comprobar más adelante[26]).

En cambio, son plenamente acordes con la CE, y le dan completo sentido a la exigencia constitucional de la *predeterminación* legal del juez, las siguientes previsiones de la Ley de 1912, perfectamente vigentes (aunque no aplicadas, en su mayoría, por la *praxis* jurisdiccional):

- «*Corresponderá a la Sala de lo Criminal del Tribunal Supremo el conocimiento de las causas contra Senadores y Diputados, aun cuando sólo tengan carácter de electos*» (art. 1, párrafo I).
- «*La competencia [...] se extenderá hasta la conclusión del proceso, con independencia de la vida legal de las Cortes a que pertenecieren los acusados*» (art. 1, párrafo III).
- «*Si incoado un sumario por un Juez de Instrucción [...], ya de oficio, ya por denuncia ó querella, apareciesen indicios de responsabilidad contra algún Senador ó Diputado, tan pronto como fuesen practicadas las medidas necesarias para evitar la ocultación del delito ó la fuga del delincuente, se remitirán las diligencias en el plazo más breve posible al Tribunal Supremo* [...]» (art. 2, párrafo I).
- «*En caso de flagrante delito que lleve consigo pena aflictiva, podrá el Juez instructor acordar desde luego la detención del delincuente, dando inmediata cuenta al Tribunal Supremo, el cual comunicará con toda urgencia el caso al Cuerpo Colegislador al que pertenezca el procesado*» (art. 2, párrafo III).
- «*El Tribunal Supremo [...], procederá [...], de conformidad a lo prevenido en la Ley de Enjuiciamiento Criminal para la instrucción de las causas que les competen, con arreglo a la misma Ley y a las Orgánicas del Poder Judicial [...]*» (art. 3).
- «*Las denuncias o querellas contra Senadores o Diputados, se formularán ante el Tribunal Supremo [...], observándose lo dispuesto en las leyes y disposiciones de procedimiento*» (art. 4).

---

26 Vid. *ut infra*, Capítulo III, epígrafes 1 y 2.

- «*Sólo al Tribunal Supremo [...], corresponde la facultad de pedir autorización al Senado o al Consejo para procesar a un Senador o Diputado*» (art. 5, párrafo I).
- «*El Tribunal Supremo [...] resolverá lo que proceda, según las leyes, acerca de la prisión de los Senadores y Diputados sorprendidos en flagrante delito y contra los cuales se hayan incoado diligencias*» (art. 5, párrafo III).
- «*Mientras que el Senado o el Congreso no resuelvan sobre la autorización pedida, se suspenderán las diligencias de las causas, excepto las encaminadas a la reforma de los autos y providencias en que con anterioridad se hubiese acordado la detención, prisión o procesamiento.*

  La suspensión de las diligencias sólo se aplicará a aquellas que afecten al Senador o Diputado a quien se refiera la autorización solicitada» (art. 6).
- «*Si el Senado o el Congreso denegase la autorización para procesar, se comunicará el acuerdo al Tribunal requirente, que dispondrá el sobreseimiento libre, respecto al Senador o Diputado. Si la autorización fuese concedida, continuará el procedimiento hasta que recaiga resolución o sentencia firme, aun cuando antes de dictarla fueren disueltas las Cortes a que perteneciere el Senador o Diputado objeto del suplicatorio*» (art. 7).
- «*Negada por el Senado o el Congreso la admisión como Senador o Diputado de la persona a quien se refiera un suplicatorio, el Presidente de la Cámara lo comunicará al Tribunal Supremo o al Consejo Supremo de Guerra y Marina, para que éste remita la causa al Juez o Tribunal competente, con arreglo a derecho, y prosiga la sustanciación que proceda*» (art. 8).
- «*Las providencias o autos de detención, arresto, prisión o procesamiento, dictadas contra un Senador o Diputado por el Tribunal Supremo [...], en uso de la jurisdicción que les atribuye la presente Ley y con sujeción a las reglas que la misma establece, así como las de reforma o revocación de dichas providencias o autos, serán comunicadas al Cuerpo Colegislador a que corresponda la persona objeto de las mismas*» (art. 9).

Este conjunto normativo lo resuelve «casi todo». Entonces, ¿por qué no lo aplica sistemáticamente la Sala 2ª del TS? No vemos ningún inconveniente para ello, antes al contrario, puesto que es una norma plenamente en vigor. Si, como siempre nos recordará el maestro GARCÍA DE ENTERRÍA[27], hay que entender que la totalidad de las leyes preconstitucionales (de regulación de los derechos fundamentales) *contrarias* a la regulación constitucional, quedaron *directamente derogadas* por la promulgación del texto constitucional en 1978, *sensu contrario*, se ha producido una ratificación de la constitucionalidad de esas normas *si se ajustan perfectamente a los postulados de la Carta Magna de 1978.*

En modo alguno se puede sostener, con todo el respeto al redactor de la importante sentencia del TC de 1997, que las interpretaciones que el TS ha hecho en contra de lo preceptuado en la Ley de 1912, son ajustadas a la CE, con el peregrino argumento de que «esta interpretación, ciertamente, no se ajusta al tenor literal de la Ley de 9 de febrero de 1912, *pero tratándose de una norma preconstitucional nada impide al TS modularla a las circunstancias del caso*, deduciendo de la CE y de las normas procesales la pauta interpretiva a seguir»[28]. Si la ley está en vigor, hay que aplicarla e interpretarla, prioritariamente, sin traicionar la *voluntas legis* (artº 3 CC). En definitiva, esta veterana norma debe seguir desplegando sus efectos, sin modulaciones jurisprudenciales *contra legem*, mientras que no se produzca ninguna circunstancia que el ordenamiento le atribuya el cese de esa vigencia, ya sea su derogación o la declaración de inconstitucionalidad de sus preceptos.

Pude leer hace poco en un *blog jurídico* lo que su autor, con cierta gracia, decía sobre la «vigencia de las leyes»: «las leyes como los seres vivos, nacen, crecen, se reproducen y mueren. Concretamente: se gestan (parlamento, incluso con partos largos), nacen (entran en vigor), se reproducen (amparan reglamentos ejecutivos o de desarrollo) y mueren

---

27 GARCÍA DE ENTERRÍA, E., *La Constitución como norma jurídica y el Tribunal Constitucional*, Madrid, Civitas, 1984, págs. 74 y ss.

28 STC 22/1997, 11 de Febrero de 1997 (Rec. de amparo nº 1.084/1991), Fto. Jdco. 8º.

(cuando les suceden otras leyes que las derogan; o asesinadas a manos de un tribunal constitucional –inconstitucionalidad– o incluso quedan en estado de coma tras una sentencia del Tribunal de Justicia Europeo-inaplicación)»[29]. Pues bien, la Ley de 1912, al igual que la LECRIM de 1882, son dos ejemplos claros de actividad legislativa «como Dios manda», con los mejores genes jurídico-procesales, con principios, que de forma lenta y tortuosa han ido sorteando los avatares históricos y políticos, pero que en esencia, siguen vigentes.

¿Por qué el TS no aclara, de una vez, mientras que no haya una actuación del Poder Legislativo en un sentido u otro, que la Ley de 1912 es un texto normativo perfectamente vigente? Nada hay en la legislación aplicable a los aforados, que acabamos de relacionar en este y en el epígrafe anterior, verdadera fuente del Derecho, que avale las *extrañas tesis* que los Magistrados del TS y del TC vienen imponiendo sobre el tratamiento procesal de los aforados, como tendremos ocasión de ver en los capítulos siguientes.

3. ANÁLISIS DE LOS DATOS LEGISLATIVOS, A LA LUZ DE LA CONSTITUCIÓN ESPAÑOLA

3.1. Lo que dice «la ley» sobre el aforamiento de Diputados y Senadores (y miembros de las Asambleas autonómicas). Enumeración de trece reglas básicas que debieran tener en cuenta los jueces y magistrados («sometidos al imperio de la ley»)

La conjunción de todas estas normas legislativas que hemos ido enumerando, interpretadas a la luz de la CE, nos deja el siguiente panorama –a modo de *catecismo sobre los aforamientos* de Diputados y Sena-

29 CHAVES, J.R., «La vivencia de las leyes y vigencia de los juristas», en delajusticia.com. El rincón jurídico de José R. Chaves, 8-7-2022, (Disponible en: https://delajusticia.com/2022/07/08/vigencia-de-las-leyes-y-vigencia-de-los-juristas/).

dores (y figuras autonómicas análogas)–, a nuestro juicio, muy claro y completo, que sintetizamos en las siguientes *reglas*:

- *Regla primera (¿Qué significa predeterminación legal?)*: Puesto que la CE exige que el Juez ordinario para conocer de cualquier asunto debe estar *predeterminado* por la ley, *la competencia* objetiva (y funcional) de cualquier órgano jurisdiccional debe estar establecida «con anterioridad al caso» (aplicación directa de la regulación constitucional de este derecho fundamental: artº. 24 CE).
- *Regla segunda* (¿Cuál es el órgano predeterminado por la ley en el caso de Diputados y Senadores?)*:* En el caso de los delitos cometidos por Diputados y Senadores, el Juez *predeterminado* por la ley es la Sala Segunda del Tribunal Supremo (arts. 71 CE, 57 LOPJ y 1 Ley 1912).
- *Regla tercera (¿Cuál es el órgano predeterminado por la ley en el caso de miembros de las Asambleas autonómicas?):* En el caso de los delitos cometidos por diputados autonómicos, el Juez *predeterminado* por la ley es el órgano jurisdiccional previsto en la conjunción del art. 73.3 LOPJ y los respectivos Estatutos de Autonomía (que suelen ser, o bien la Sala 2ª del TS, o bien la Sala Civil y Penal del TSJ, según los casos)[30].
- *Regla cuarta (¿Desde qué momento «disfrutan» del aforamiento los Diputados y Senadores (y figuras análogas de las CCAA)?):* El aforamiento lo adquieren los Diputados y Senadores desde el mismo momento *en el que adquieran la simple condición de «electos»*, aunque aún no hayan tomado formalmente posesión de su escaño (art. 1, I, «in fine», Ley 1912). En el caso de los disputados autonómicos, salvo que su respectivo Estatuto de Autonomía establezca otra cosa, por analogía, también hay que entender que «disfrutan» del aforamiento desde que adquieren la condición de electos.
- *Regla quinta (¿Qué órgano jurisdiccional tiene competencia funcional para instruir las causas de aforados?)*: Puesto que la

30 Vid. ARNALDO ALCUBILLA, E., *Las razones del aforamiento, cit.*, págs. 63 y ss.

competencia objetiva se otorga al Tribunal Supremo, *rectius*, a la Sala 2ª TS, o a la Sala de lo Civil y Penal del TSJ, según los casos, ello conlleva, automáticamente, también la exclusiva competencia funcional, para instruir, de esos mismos Tribunales, con el nombramiento de un Magistrado instructor «ad hoc», extraído de esa misma Sala (arts. 57, 1, 2º y 73.3 LOPJ).

- *Regla sexta (¿hasta qué momento se extiende la competencia del tribunal del aforamiento?)*: La competencia funcional, para instruir, y la competencia objetiva, para enjuiciar, de la Sala 2ª del TS o de la Sala Civil y Penal del TSJ, se extiende desde el comienzo del proceso hasta el momento en el que se dicte, respectivamente, auto de fin de la instrucción o la sentencia, con independencia de la vida legal de las Cortes o de la Asamblea a que pertenecieren los investigados (artº 1. III Ley 1912). Por lo tanto, si atendemos a la finalidad de esta norma, unido a la exigencia de la predeterminación legal del juez (*perpetuación de la jurisdicción*), las pérdidas del aforamiento sobrevenidas, por renuncias «estratégicas» al cargo o por cualquier otra causa, tampoco deberían propiciar ningún cambio de tribunal (artº. 24 CE).

- *Regla* séptima *(si comienza la instrucción un juzgado «ordinario», ¿cuándo debe éste remitir la causa al tribunal del aforamiento?):* Si incoado un sumario por un Juez de Instrucción (normalmente el del «*forum delicti comissi*»), ya sea de oficio, ya sea por la interposición de una denuncia o querella, y apareciesen indicios de responsabilidad contra algún aforado, tan pronto como fuesen practicadas las medidas necesarias para evitar la ocultación del delito o la fuga del delincuente, se remitirán las diligencias en el plazo más breve posible al Tribunal Supremo (artº. 303, V LECRIM y artº. 2. I. Ley 1912).

- *Regla octava ¿Qué aforados requieren de previa autorización política para ser inculpados o procesados?:* Por razón de su prerrogativa de inmunidad, durante el período de su mandato, los Diputados y Senadores sólo podrán ser detenidos en caso de flagrante delito, y no podrán ser formalmente inculpados ni procesados sin la previa autorización de la Cámara respectiva –suplicatorio– (art. 71.2 CE, art. 2 Ley 1912 y art. 751 LECRIM). *Sensu contrario*, el resto de aforados, entre los que se encuentran los miembros de las Asambleas autonómicas, pueden ser investigados, imputados, inculpados y procesados sin necesidad de autorización previa alguna.

– *Regla novena (¿las causas de aforados tienen especialidades procedimentales al margen del tribunal especial y, en su caso, la concesión del suplicatorio?)*: En este tipo de procesos, a los que el TS ha denominado «Causas especiales», cuando enjuicia a «sus aforados» (Diputados y Senadores), y a pesar de esta desacertada denominación, los Magistrados deberían aplicar la legislación procesal con absoluta normalidad, en el desempeño de su ordinaria jurisdicción (art. 3 Ley 1912). Es decir, el aforamiento no debiera nunca conllevar ninguna excepción en la aplicación de la LECRIM y del resto de normas procesales, excepto en lo relativo al privilegio del fuero y la autorización previa, si procede.

– *Regla* décima *(¿Ante qué tribunal debe interponerse la denuncia o querella contra un aforado?):* Las denuncias o querellas contra Senadores o Diputados se deben formular directamente ante la Sala 2ª del TS, observándose lo dispuesto en las leyes y disposiciones ordinarias de procedimiento. Cuando el delito se impute a personas aforadas y no aforadas, al mismo tiempo, la querella se interpondrá también ante el TS (art. 4 Ley 1912 y art. 272 LECRIM). Entendemos que la misma regla debe aplicarse, *mutatis mutandis*, a los diputados autonómicos, en relación con el TS o el TSJ, según los casos.

– *Regla undécima (¿Qué órgano jurisdiccional puede pedir la autorización para procesar a un Diputado o Senador?)*: Sólo al TS le corresponde la facultad de pedir autorización al Congreso o al Senado para procesar a un Diputado o Senador. La autorización se pedirá en forma de «*suplicatorio*», remitiendo con éste, y con el carácter de reservado, el testimonio de los cargos que resulten contra el Senador o Diputado, con inclusión del parecer del Fiscal (art. 755 LECRIM y 5 Ley 1912).

- *Regla duodécima*: Si el «suplicatorio» fuese estimado (es decir, la autorización de la Cámara correspondiente fuere concedida), continuará el procedimiento hasta que recaiga resolución o sentencia firme, aun cuando antes de dictarla fueren disueltas las Cortes a que perteneciere el Senador o Diputado objeto del suplicatorio (art. 7 Ley 1912). En plena coherencia con el art. 1 Ley 1912 y de la regla de la «*perpetuatio iurisdictionis*» (Vid. *ut supra*, regla sexta).
- *Norma decimotercera (¿A quién hay que comunicar las resoluciones que afecten a los aforados?)*: Aparte de la comunicación obligatoria a los propios inculpados, las resoluciones, autos y sentencia que afecten personalmente al aforado (p. ej. detención, arresto, prisión o procesamiento, sentencia definitiva) serán comunicadas sistemáticamente a la Cámara a que corresponda la persona objeto de las mismas (art. 9 Ley 1912 y art. 14 Reglamento del Congreso).

Así pues, este importante aparato normativo debiera ser la base sobre la que se proyectara una correcta interpretación por parte de nuestros tribunales, con el TS a la cabeza, conforme a los criterios hermenéuticos recogidos en el artº. 3.1. CC[31]. A nuestro juicio, atendiendo principalmente, «al sentido literal de las palabras» («*in claris non fit interpretatio*»[32]) y, fundamentalmente, al espíritu y finalidad de aquellas, a la luz de las exigencias constitucionales (interpretación teleológica o finalista).

---

31 El art. 3.1. C.C. nos recuerda que «las normas se interpretarán según el sentido propio de sus palabras, en relación con el contexto, los antecedentes históricos y legislativos, y la realidad social del tiempo en que han de ser aplicadas, atendiendo fundamentalmente al espíritu y finalidad de aquellas».

32 El propio TC, de conformidad con la doctrina legal, concreta en este principio la prohibición de la interpretación *contra legem*: «no estamos, por tanto, ante una regulación que permita varias interpretaciones, pudiendo elegir de entre estas aquella que resulta conforme a la Constitución, sino de preceptos cuya literalidad es clara y no deja margen para interpretaciones alternativas *(in claris non fit interpretatio*: no cabe interpretación *contra legem*» [vid., por todas, STC (Pleno) 138/2005, de 26 de mayo, FJ 5 y las allí citadas].

Es verdad que todas las normas jurídicas, todas sin excepción, deben ser interpretadas, siquiera literalmente, por el tribunal que las aplica, pero en modo alguno existen «muchas» cuestiones relacionadas con esta materia que queden sujetas al criterio exclusivo del intérprete, como tantas veces se nos quiere hacer ver[33].

3.2. El derecho fundamental al juez predeterminado por la ley y la «*perpetuatio iurisdictionis*» penal

Como vengo sosteniendo firmemente desde hace varios años[34], el art. 24.2 CE no habla del derecho fundamental al juez ordinario «determinado» por la ley, sino del *predeterminado* por ella, con lo que se introduce un elemento decisivo –el temporal– en cuyas consecuencias parece que no se repara suficientemente. Ahí está la clave principal para resolver todos estos problemas de los aforamientos, y de los indebidos «cambios» de tribunal durante la tramitación procedimental. En efecto, la conjunción del derecho a la predeterminación legal del juez (no basta con que el juez esté fijado por la ley, sino que ha de estar prefijado, es decir, determinado «antes de»[35]) y el principio procesal de la «*perpetuatio iurisdictionis*», consecuencia de aquel («cristalización» de la jurisdicción y competencia del Juez o Tribunal conforme al estado de hecho y de derecho existente con anterioridad al caso), debieran neutralizar cualquier intento de alteración de la competencia objetiva y funcional de un determinado órgano jurisdiccional («*semel iudex, semper iudex*», o «*semel competens, semper competens*»).

---

33 DEL MORAL GARCÍA, A., «Repensando los aforamientos», *cit.*, pg. 136.

34 CHOZAS ALONSO, J.M., «¿Hasta cuándo el *peregrinaje* de las causas judiciales de los aforados?», en *Derecho, Justicia, Universidad. Liber Amicorum* de Andrés de la Oliva Santos, Madrid, Editorial U. Ramón Areces, 2016, Vol. I., págs. 784 y ss.

35 Vid. DÍEZ-PICAZO GIMÉNEZ, I., «El Derecho fundamental al juez ordinario predeterminado por la ley», en *Revista Española de Derecho Constitucional*, Año 11, Núm. 31, Enero-Abril 1991, págs. 100-104; DEL MORAL GARCÍA, A., «Incidencia del Código Penal en la competencia objetiva», en *Cuadernos de Derecho Judicial* (Escuela Judicial/CGPJ), Año 1996, Núm. 6 (Dedicado a la Jurisdicción y competencia penal), pg. 136.

Sobre el art. 24.2 CE, nuestro TC viene reiterando, desde sus primeras sentencias, que la predeterminación legal del Juez significa que una ley, con generalidad y con anterioridad al planteamiento del supuesto litigioso, ha de contener todos los elementos de determinación competencial del órgano que debe conocer del asunto; y que la interpretación sistemática de este precepto con el art. 117.3 CE pone de manifiesto que la *independencia* y la *imparcialidad* de los jueces «constituye el interés directo protegido por el derecho al Juez ordinario predeterminado»[36]. De modo que la preconstitución legal tiende a garantizar que la indicación del juez competente no pueda verse posteriormente alterada por actos legislativos o de otra naturaleza, pues de lo contrario se podría vulnerar la imparcialidad del juez y el derecho a la certeza de que el juez que juzgará el caso no sea un juez *ad hoc*[37]. En definitiva, se dibuja este derecho como una garantía objetiva del Ordenamiento, además de ser un derecho fundamental del justiciable: a éste se le asegura que su causa va a ser conocida por un concreto órgano jurisdiccional (el *pre-determinado* por la ley), evitándose la creación de juzgados o tribunales «para el caso»; pero, al mismo tiempo, y esto es igualmente o más importante, constituye una garantía para la propia Administración de Justicia (y para la sociedad en su conjunto), puesto que los principios de unidad y monopolio de la jurisdicción, así como el de independencia judicial, podrían verse amenazados si el Poder Ejecutivo (y por qué no, también

36 *STC (1ª) 47/1983, de 31 de mayo, Fto. Jdco. 2º, in fine; STC (2ª) 101/1984, de 8 de noviembre, Fto. Jdco. 4º:*« "con [generalidad] y anterioridad al caso, ha de contener los criterios de determinación competencial cuya aplicación a cada supuesto litigioso permita determinar cuál es el Juzgado o Tribunal llamado a conocer del caso" (...) y que "la anterioridad de tales criterios respecto al planteamiento procesal del litigio garantiza que una vez determinado en concreto el Juez de un caso en virtud de la aplicación de los criterios competenciales contenidos en las Leyes, el Juez del caso no podrá ser desposeído de su conocimiento en virtud de decisiones tomadas por órganos gubernativos".»

37 Vid. ROMBOLI, R., Voz «Giudice naturale», en *Appendice Novissimo Digesto Italiano*, Vol. III, Turín, 1982, pg. 973. Aunque este autor se refiera al art. 25.1 de la Constitución italiana, sus observaciones son perfectamente trasladables a nuestro Ordenamiento, por cuanto dicho precepto es equivalente al art. 24.2 CE.

el Legislativo o cualquier otro agente) pudieran disponer a su antojo de la competencia de los tribunales[38].

Por su parte, el principio de la «*perpetuatio iurisdictionis*», aunque con una finalidad o razón de ser distinta de la predeterminación del juez ordinario, pues no lo es tanto la imparcialidad o la independencia del juez, sino la certeza que deben tener los justiciables de que el proceso va a terminar, y va a ser decidido allí donde había comenzado («*ubi acceptum est semel iudicium, ibi et finem accipere debet*»), exige que la perpetuación de la competencia de los jueces sea absoluta: una vez que se ha determinado la competencia con arreglo a la norma *predeterminante*, ya no admite derogación alguna –ni por hechos, ni por normas sobrevenidas–; de tal manera que ya no se puede sustraer el conocimiento del juez o tribunal, si realmente era el competente para conocer del mismo.

A este respecto, no debemos desconocer que la competencia objetiva de los tribunales penales se fija en razón de la clase de infracción enjuiciada, o de la pena que ésta conlleve, o de la persona a la que se atribuya. Y es evidente que, en unos casos, como ya dijimos al principio, los hechos y el sujeto (o sujetos) que integran el objeto del proceso penal pueden aparecer claros desde el inicio de las actuaciones, pero en otros casos, por el contrario, pueden ser necesarias múltiples diligencias de investigación para su determinación[39]. En concreto, un aforado puede aparecer imputado en la propia denuncia o querella contra él o, por el contrario, su presunta participación en los hechos delictivos puede ser descubierta en un momento muy posterior, incluso muy avanzada la fase de instrucción. ¿Eso significa que queda perpetuada la competencia del juez de instrucción que ha comenzado a investigar el

38 En el sentido de que la «garantía» institucional del juez predeterminado se halla en una línea de confín entre el terreno de las garantías procesales del justiciable y el de la organización judicial, vid. también ROMBOLI, R., *El juez predeterminado por la ley*, Lima, Palestra Editores, 2005, pg. 382. En el mismo sentido, FOSSAS ESPADALER, E., «Legislador y derecho fundamental al juez legal», en Revista *InDret*, nº 2/2016, pg. 9.

39 Vid. CUBILLO LÓPEZ, I., «La determinación del órgano competente en el orden penal: algunos problemas pendientes», en *Los sujetos protagonistas del proceso penal* (Coord. CHOZAS ALONSO, J.M.), *cit.*, pg. 128, y la jurisprudencia que allí se cita.

caso? En modo alguno; solo queda perpetuada la competencia del órgano que realmente es competente para conocer del asunto –del objeto de ese proceso– «ab initio». Y en caso de que haya estado conociendo –provisionalmente– un órgano de instrucción, tan pronto como se desprenda de las investigaciones la posible responsabilidad de un aforado, las actuaciones deben ser remitidas, a la mayor brevedad posible, al TS o al TSJ, según corresponda, tal y como exige el art. 303, V LECrim y el aún vigente art. 2 de la Ley de 9 de febrero de 1912, sobre competencia de los tribunales que han de enjuiciar a Diputados y Senadores[40]. *Sensu contrario*, si bien se mira, la «*translatio*» que se produce de un juzgado de instrucción al TS o al TSJ cuando aparece implicado aun aforado, de ninguna manera supone una quiebra del principio de la «*perpetuatio iurisdictionis*», sino que este cambio de tribunal se produce en virtud

40 El art. 303, V LECrim establece que «cuando el delito fuese, por su naturaleza, de aquellos que solamente pueden cometerse por Autoridades o funcionarios sujetos a un fuero superior, los Jueces de instrucción ordinarios, en casos urgentes, podrán acordar las medidas de precaución necesarias para evitar su ocultación; *pero remitirán las diligencias en el término más breve posible, que en ningún caso podrá exceder de tres días, al Tribunal competente, el cual resolverá sobre la incoación del sumario, y en su día sobre si ha o no lugar al procesamiento de la Autoridad o funcionario inculpados*». Por su parte, el art. 2, I de la Ley de 9 de febrero de 1912, en la misma línea, dice que «si incoado un sumario por un Juez de Instrucción ó por un Juzgado instructor de Guerra ó Marina, ya de oficio, ya por denuncia ó querella, apareciesen indicios de responsabilidad contra algún Senador ó Diputado, *tan pronto como fuesen practicadas las medidas necesarias para evitar la ocultación del delito ó la fuga del delincuente, se remitirán las diligencias en el plazo más breve posible al Tribunal Supremo* ó al Consejo Supremo de Guerra y Marina, si procediese con arreglo á lo establecido en el artículo 1.º». Sin embargo, como nos recuerda CUBILLO LÓPEZ, en la práctica no se procede de este modo, sino que la jurisprudencia –*contra legem*– es partidaria de que el órgano instructor ordinario siga conociendo de las actuaciones y solo las remita TS o al TSJ cuando considere suficientemente acreditado tanto que los hechos son constitutivos de delito como la participación en ellos del aforado, para que sea entonces el tribunal competente para el aforamiento quien efectúe la imputación formal; hasta el punto de que nuestros tribunales superiores «devuelven» la causa al inferior si éste no ha avanzado en la investigación hasta lograr elementos que permitan individualizar la imputación contra la persona que ostenta el fuero. Vid. CUBILLO LÓPEZ. I., «La determinación del órgano competente en el orden penal», *cit.*, pg. 149.

de una falta originaria de competencia funcional del citado Juzgado de instrucción que había comenzado la investigación[41].

En consecuencia, como ya habíamos adelantado y aquí seguimos sosteniendo, la «*perpetuatio iurisdictionis*» impone que el fuero existente para quien cometió el delito cuando era Diputado, Senador, Diputado autonómico, etc., seguirá existiendo hasta la resolución del proceso, con independencia de que el aforado ya no detente ese cargo o de que haya renunciado a él durante el proceso. Pero para mantener esta postura hay que dar respuesta sólida al problema del «*dies a quo*» de la predeterminación.

3.3. El momento determinante («*dies a quo*») de la predeterminación legal del tribunal en el proceso penal

No resulta ocioso reiterar hasta la saciedad que la exigencia constitucional de la predeterminación legal del juez (art. 24.2 CE) significa que no basta con que el juez esté fijado por la ley, sino que ha de estar *prefijado*, es decir, determinado «antes del caso». Pero, como ya nos habíamos preguntado algunos autores, no demasiados, ¿qué significa que la predeterminación sea «anterior al caso»[42]? Hasta hace poco tiempo el alcance de esta predeterminación se entendía que solo podía significar una de estas dos cosas: o que la determinación previa debe ser «anterior a la comisión del delito» o «anterior al inicio del proceso». Sin embargo,

41 Cuestión distinta es que, en relación con los envíos de asuntos entre distintos tribunales penales debido a los descubrimientos que afecten a los sujetos sobre los que se actúa, se mantenga la eficacia de las actuaciones practicadas durante el tiempo en que había sido dudosa la determinación de la competencia, incluso de aquéllas que se lleven a cabo por el órgano al que finalmente se repute carente de competencia funcional. Vid. CUBILLO LÓPEZ. I., «La determinación del órgano competente en el orden penal», *cit.*, págs. 128 y ss.

42 Vid. DÍEZ-PICAZO GIMÉNEZ, I., «El Derecho fundamental al juez ordinario predeterminado por la ley», *cit.*, pgs. 100 y ss., CHOZAS ALONSO, J.M., *La «perpetuatio iurisdictionis»: un efecto procesal de la litispendencia, cit.*, págs. 146 y ss.; DEL MORAL GARCÍA, A., «Incidencia del Código Penal en la competencia objetiva», *cit.*, págs. 135 y ss.

ha surgido una nueva interpretación, «inventada» (en el sentido etimológico de «invenire», *encontrar, descubrir*) por el TS, que entiende que la predeterminación se refiere al «inicio del juicio oral».

Comenzando por la última de las tres posturas, que está siendo aplicada reiteradamente por el TS (como veremos *ut infra*, Capítulo III, epígrafe 1), desde que fue asumida por decisión unánime del Pleno de la Sala Segunda del TS, a través del Acuerdo no jurisdiccional de 2 de diciembre de 2014, debe entenderse que «*en las causas con aforados la resolución judicial que acuerda la apertura del juicio oral constituye el momento en el que queda definitivamente fijada la competencia del Tribunal de enjuiciamiento aunque con posterioridad a dicha fecha se haya perdido la condición de aforado*»; interpretación que pasó a ser aplicada inmediatamente por la Sala Segunda del TS en la esfera propiamente jurisdiccional, a través de la *STS (2ª), Secc. 1ª, nº 869/2014, de 10 de diciembre*, con la aspiración de que pasara, como realmente ha sucedido, a ser la nueva doctrina jurisprudencial sobre esta importante cuestión.

Como ya pusimos de manifiesto en otro trabajo[43], no parece acertada la postura del TS, porque considerar que la perpetuación de la jurisdicción y la competencia de un tribunal (como efecto directo de la predeterminación judicial exigido por el art. 24.2 CE) se difiera a un momento tan tardío del proceso penal como el de apertura del juicio oral, provoca grandes disfunciones competenciales (propiciadas muchas veces por el sujeto pasivo del proceso) y choca frontalmente contra los más elementales postulados de la seguridad jurídica. Por lo tanto, adelantando parte del discurso que mantendremos en el capítulo siguiente, una de dos: o la predeterminación ha de estar referida al momento de la comisión del hecho, o a la secuencia sucesiva de hechos (en los casos de delitos continuados), o ha de ser tan solo anterior al inicio del proceso. A nosotros nos parece más acertado el criterio de la comisión del hecho delictivo, pero sobre esta cuestión, como se acaba de señalar, volveremos más por extenso en el próximo Capítulo.

---

43 CHOZAS ALONSO, J.M., «¿Hasta cuándo el *peregrinaje* de las causas judiciales de los aforados?», *cit.*. pg. 788.

A nuestro modo de ver, la «*perpetuatio iurisdictionis*» penal, fijada desde el momento de la comisión misma del delito, no debiera, en línea de principio, sufrir derogación alguna[44]. La legislación competencial se dicta sólo «pro futuro», y cualquier quiebra de este postulado sería inconstitucional si interfiere en un proceso ya radicado ante un determinado tribunal. Así pues, la consecuencia jurídica de la posición que pretendemos mantener aquí es muy clara, por dura que pueda parecer: la inconstitucionalidad, por vulnerar el art. 24.2. CE, de cualquier norma o decisión jurisdiccional que altere, una vez cometido el delito, cualesquiera de las predeterminaciones legales que conducen a que el conocimiento de un asunto corra a cargo de un determinado órgano jurisdiccional[45].

---

44 CHOZAS ALONSO, J. M., *La «perpetuatio iurisdictionis»*, cit., págs. 148 y ss.

45 También habría vulneración de este derecho fundamental cuando se atenta contra el sustrato subjetivo del órgano jurisdiccional; esto es, cuando se cambia, durante el proceso, la persona o personas físicas que componen el órgano (contraviniendo lo legalmente preceptuado al iniciarse dicho proceso). Pero este es un tema que, aunque tangente, queda al margen del objetivo de nuestro estudio. Vid. DE LA OLIVA SANTOS, A., *Los verdaderos tribunales en España: legalidad y derecho al juez predeterminado por la ley, cit.*, pg. 123.

CAPÍTULO III
EL DERECHO «ALTERNATIVO» FORJADO POR LA SALA SEGUNDA DEL TRIBUNAL SUPREMO (CON LA ANUENCIA DEL TRIBUNAL CONSTITUCIONAL)

Hay temas imperecederos en el centro de atención de los juristas. Entre ellos se encuentra la posibilidad de considerar a la «jurisprudencia» como norma jurídica vinculante. No en vano, incluso en España, país de vieja tradición continental, hemos sufrido algún intento prelegislativo de considerar a la doctrina emanada del TS como «doctrina jurisprudencial vinculante» (al más puro estilo «*stare decicis*», del derecho angloamericano). Afortunadamente, al menos «de iure», estos intentos han sido siempre rechazados[46]. Sin embargo, estamos asistiendo, muchas veces impasibles, al fenómeno de un desenfrenado «voluntarismo judicial» que no

46 El Consejo de Ministros, en su reunión del viernes 4 de abril de 2014, acordó la aprobación del *Anteproyecto de reforma de la Ley Orgánica 6/1985, de 1 de julio, del Poder Judicial* y su remisión a las Cortes Generales. Este Anteproyecto, que nunca llegó a ver la luz, contemplaba, en una de sus novedades más relevantes, establecía el carácter *vinculante* de determinada jurisprudencia emanada del Tribunal Supremo. Se preveía que el Pleno de cada Sala del TS decidiría, cada tres meses, qué parte de su Jurisprudencia sería declarada vinculante (*Jurisprudencia vinculante*), la cual sería publicada en el Boletín Oficial del Estado, adquiriendo su carácter obligatorio desde la publicación en el mismo. En concreto, en la Exposición de Motivos del Anteproyecto se decía, literalmente (vid. file:///C:/Users/Usuario/Downloads/Dialnet-AnteproyectoLopj4DeAbril-De2014DocumentoN9-5778851.pdf):

se detiene ante el freno que le debiera suponer el «imperio de la ley», sino que aspira a ser el «verdadero intérprete de la ley», aunque la ley diga todo lo contrario a lo que se interpreta finalmente. Es como si el TS se hubiera transformado en un órgano legislador «de facto».

Como tantas veces se ha dicho, y no debe avergonzarnos reiterarlo de nuevo, conceder carácter vinculante a la jurisprudencia puede favorecer una aparente seguridad jurídica, pero a riesgo de desvirtuar la realidad de las cosas. Tozudamente debemos proclamar la vieja regla metafísica de que «las cosas son como son, no lo que los jueces dicen que son», aunque el intérprete sea el propio TS.

«La nueva Ley Orgánica del Poder Judicial sigue dotando a la Jurisprudencia del Tribunal Supremo del valor complementario del ordenamiento jurídico que le atribuye el apartado 6 del artículo 1 del Código Civil, lo que se traduce, como recuerda el Tribunal Constitucional (STC 37/2012, de 19 de marzo), en una vocación de ser observada por los Tribunales inferiores y en el establecimiento de la infracción de la jurisprudencia como motivo de casación en todos los órdenes jurisdiccionales.

Sin embargo, se introducen dos importantes novedades respecto de la actual configuración.

En primer lugar, se da un paso importante al establecer verdadera fuerza vinculante para los Tribunales inferiores de aquella Jurisprudencia del Tribunal Supremo que pase a considerarse doctrina jurisprudencial vinculante.

La certeza y la previsibilidad de un ordenamiento jurídico resultan elementos decisivos tanto desde el punto de vista de la actividad económica como desde la percepción que los ciudadanos tengan del mismo. Por ello, un sistema judicial en el que se produzcan pronunciamientos contradictorios o distintos ante situaciones fácticas iguales resulta un desincentivo para los operadores económicos de nuestro país, así como para la atracción de inversión extranjera. De igual forma, la percepción ciudadana de nuestro sistema judicial se encuentra en buena parte asociada al grado de seguridad jurídica que le ofrezcan los Tribunales. Por ello, la jurisprudencia que se configure como doctrina jurisprudencial vinculante del Tribunal Supremo, además de la función complementadora del ordenamiento jurídico que tiene la jurisprudencia, tendrá una función integradora o uniformadora del Derecho, similar a la que produce la doctrina legal fijada por el Tribunal Supremo a través del recurso de casación en interés de ley.

El establecimiento por el Tribunal Supremo de una doctrina jurisprudencial vinculante para Tribunales inferiores reforzará, en consecuencia, el principio de seguridad jurídica consagrado en el apartado 3 del artículo 9 de la Constitución y coadyuvará al objetivo de que la ley y el status jurídico del ciudadano sea igual en todo el territorio nacional (artículos 14 y 139.1 CE), garantizando el principio de unidad jurisdiccional».

Pese a ello, en esta materia de los aforamientos, no es nada infrecuente leer en muchas resoluciones del TS cosas que contradicen, a veces frontalmente, lo preceptuado por la ley aplicable. Veamos a continuación algunos ejemplos, los más claros, de esta jurisprudencia «*contra legem*».

1. EN EL SUPUESTO GENERAL DE PÉRDIDA SOBREVENIDA DE LA CONDICIÓN DE AFORADO DURANTE EL PROCESO (DEL «ACUERDO NO JURISDICCIONAL DE LA SALA 2ª TS, DE 2 DE DICIEMBRE DE 2014» A LOS CASOS «BORRÀS» Y «OLTRA»)

En efecto, la jurisprudencia no es en nuestro país fuente del Derecho en sentido propio (art. 1.1 CC). Sin embargo, resulta innegable que la legislación en esta materia de los aforamientos ha sido objeto de interpretaciones por parte del TS (con la connivencia del TC, o a la inversa), que han alterado, rectificado o dejado sin efecto el tenor literal de ciertos preceptos (a pesar de no encontrar el respaldo de los principios generales del Derecho).

Con el pretexto de que tanto la LECRIM como la Ley 1912 son leyes más que centenarias y que algunas de sus disposiciones no se adaptan de modo suficiente a las exigencias de la CE, tanto el TC como el TS, este último en numerosas sentencias, han «rectificado» el significado de varios de los preceptos anteriormente referidos.

En concreto, y como acabamos de ver en el Capítulo anterior, en su trascendental *STS (2ª) 869/2014, de 10 de diciembre*, el magistrado ponente, so pretexto de una vacilante jurisprudencia, producto de un «confuso marco normativo» (sic.), considera que el Alto Tribunal, de una vez por todas, debe poner orden en esta materia, mientras que no se produzca la ansiada reforma legislativa:

> «*Tercero.-* [...] *Ciertamente, no existe una doctrina jurisprudencial consolidada. A ello contribuye y no en menor medida que la prerrogativa de aforamiento se encuentra en un confuso marco normativo que se inicia*

> *con la Ley de 9 de Febrero de 1912, cuyo artículo primero es claro y contundente en el sentido de que "la competencia (del Tribunal Supremo) se extenderá hasta la conclusión del proceso, con independencia de la vida legal de las Cortes a la que pertenezcan los acusados" y el artículo séptimo, confirma tal criterio al decir que si se concediese el suplicatorio "… continuará el procedimiento hasta que recaiga resolución o sentencia firme, aun cuando antes de dictarla fuesen disueltas las Cortes a que perteneciese el senador o diputado objeto de suplicatorio…".*
>
> *Evidentemente nos encontramos ante un texto preconstitucional, y por otra parte existen otras normas ya constitucionales como los artículos relativos a los que se podría llamar el derecho penal parlamentario que se encuentran en los Reglamentos del Congreso de los Diputados, del Senado y de los Estatutos de Autonomía, además de la LECriminal* y la *LOPJ.*
>
> *Este variado conjunto normativo, bien merece la atención del legislador que hasta ahora ha desatendido las llamadas para una regulación clara que al respecto le ha efectuado el Tribunal Constitucional, reiteradas en la STC 22/1997, de 11 de febrero* […]».

Pues bien, a pesar de que el magistrado encargado de la redacción de la sentencia cita literalmente dos preceptos legales (arts. 1 y 7 de la Ley 1912), que dicen, respecto a la pérdida sobrevenida de la condición de aforado durante el proceso, que esta circunstancia (y ninguna otra) no debe tener ninguna incidencia sobre la originaria determinación de la competencia del tribunal, a continuación se nos trata de imponer una interpretación que conduce a un escenario completamente distinto, en aras de una pretendida «seguridad jurídica», ya que entiende que la predeterminación del tribunal se refiere al «inicio del juicio oral».

Todo comenzó cuando la Sala 2ª del TS, al considerar erróneamente que no existía norma legal aplicable, ni una doctrina jurisprudencial consolidada, «con la finalidad de sentar un criterio uniforme y general que ofrezca seguridad jurídica», llevó la cuestión a un *Pleno no Jurisdiccional de Sala* a fin de fijar con carácter general el momento en el que se produce la «*perpetuatio iurisdictionis*» en los procesos con personas aforadas, de suerte que con posterioridad al momento previsto, la pérdida de la condición de aforado no acarrearía una pérdida sobrevenida de la competencia del Tribunal.

Dicho y hecho. Como ya sabemos, el Pleno de la Sala Segunda del TS, a través del Acuerdo no jurisdiccional de 2 de diciembre de 2014, estableció que «*en las causas con aforados la resolución judicial que acuerda la apertura del juicio oral constituye el momento en el que queda definitivamente fijada la competencia del Tribunal de enjuiciamiento aunque con posterioridad a dicha fecha se haya perdido la condición de aforado*»; interpretación que pasó a ser aplicada inmediatamente por la Sala Segunda del TS en la esfera propiamente jurisdiccional, a través de la anteriormente citada *STS (2ª), Secc. 1ª, nº 869/2014, de 10 de diciembre*, que, con el paso del tiempo, se ha convertido en el criterio «jurisprudencial aplicable».

Esta jurisprudencia «*contra legem*», irregularidad de la que es consciente el propio TS, como se reconoce en fundamento jurídico tercero recientemente transcrito, se basa en dos argumentos fundamentales; a saber: 1º) solo en el momento en el que se acuerda la apertura del juicio oral «queda delimitado definitivamente el ámbito objetivo y subjetivo del proceso, es decir los hechos objeto de enjuiciamiento y las personas concernidas en relación a él, ya como partes acusadoras, acusadas y populares»; y 2º) porque otras posibilidades posteriores a la apertura del juicio oral que pudieran considerarse como criterios de consolidación de la «*perpetuatio iurisdictionis*», como la resolución de señalamiento del inicio de las sesiones del Plenario, o el propio momento del inicio del Plenario «no son sino decisiones consecuencia de la competencia ya consolidada por el Tribunal concernido, por lo que no puede quedar al azar o al capricho del acusado tratar de convertir en contingente y dependiente de su voluntad o de otros factores –como la disolución de las Cámaras– la determinación del Tribunal de Juzgamiento». En concreto, los términos literales de la *STS (2ª), Secc. 1ª, nº 869/2014, de 10 de diciembre* fueron los siguientes:

> «*Tercero (in fine).- […] La decisión unánime del Pleno de la Sala Segunda llevada a cabo el 2 de Diciembre de 2014, estimó que tratándose*

de Causas Especiales por razón de aforamiento, sin perjuicio de reconocer que la determinación del momento en que se fija la competencia del Tribunal de enjuiciamiento y fallo es cuando se toma la decisión de admitir la denuncia o querella, con nombramiento de un instructor de la causa que concluida la misma, remite la causa a dicho Tribunal para el enjuiciamiento y fallo, pero asimismo consideró que el efecto de la "perpetuatio iurisdiccionis" *en favor del Tribunal concernido quedaba definitivamente fijado cuando concluida la instrucción, el Sr. Juez Instructor acordaba la apertura del Juicio Oral –que en el presente caso tuvo lugar por auto de 1 de Julio de 2013–.*

Como argumentos a favor de fijar en ese momento de la apertura del Juicio Oral se pueden citar los siguientes argumentos:

1- En dicho momento queda delimitado definitivamente el ámbito objetivo y subjetivo del proceso, es decir los hechos objeto de enjuiciamiento y las personas concernidas en relación a él, ya como partes acusadoras, acusadas o populares.

2- Porque en la medida que el Juicio Oral está abierto ante un concreto Tribunal, el proceso solo puede terminar por sentencia u otra resolución similar que ponga fin a la causa, como recuerda la STS 700/2001, ya citada.

3- Porque es reiterada doctrina de esta Sala que en relación a la determinación del órgano de enjuiciamiento y fallo en los conflictos entre los Juzgados de lo Penal y las Audiencias Provinciales, en relación a las calificaciones provisionales y penas solicitadas, es criterio consolidado de esta Sala que la decisión del Juez de Instrucción que acuerde la apertura ante la Audiencia Provincial respectiva no es susceptible de cuestionamiento quedando fijada la competencia en el auto de apertura de Juicio Oral

dictado por el Juez de Instrucción que tiene la virtualidad de producir la perpetuatio iurisdiccionis, *y en tal sentido, y entre las más recientes se pueden citar las resoluciones de esta Sala SSTS 964/2011 de 20 de Septiembre; 1034/2012; 1476/2012; 272/2013; 286/2013* ó *673/2013, entre otras muchas.*

4- Porque en relación a otros supuestos como los relativos al Tribunal de enjuiciamiento en caso s de falsificación de tarjetas de crédito, tras la reforma de la Ley 5/2010, la apertura del Juicio Oral fue el argumento para mantener, en su caso, la competencia de la Audiencia Nacional para el enjuiciamiento, como ya se ha dicho.

5- Porque de los diversos criterios que esta Sala ha seguido en las tres resoluciones antes citadas (Causa Especial 440/1991, auto de 15 de Noviembre de 1993, STS 467/2002 y STS 362/2014), en relación al momento de determinación de la perpetuatio iurisdiccionis, *precisamente la última –y más reciente– de las resoluciones indicadas, opta por la fecha del auto de apertura del Juicio Oral.*

6- Porque como criterio o razón excluyente, puede decirse que las otras posibilidades posteriores a la apertura del Juicio Oral que pudieran considerarse como criterios de consolidación de la perpetuatio iurisdiccionis: *la resolución de señalamiento del inicio de las sesiones del Plenario, y el propio momento del inicio del Plenario no son sino decisiones consecuencia de la competencia yaconsolidada por el Tribunal concernido, por lo que no puede quedar al azar o al capricho del acusado tratar de convertir en contingente y dependiente de su voluntad o de otros factores –como una disolución de las Cámaras– la determinación del Tribunal de juzgamiento. En consecuencia ha de estimarse como momento de la fijación de la competencia del Tribunal en los casos de juicios especiales por aforamiento, el de la fecha del auto de apertura de Juicio Oral dictado por el Sr. Juez especial Instructor de la causa.*

Este fue el Acuerdo unánime del Pleno no Jurisdiccional de Sala de 2 de Diciembre de 2 014, que textualmente es como sigue: "En las causas con aforados la resolución judicial que acuerda la apertura del juicio oral constituye el momento en el que queda definitivamente fijada la competencia del Tribunal de enjuiciamiento aunque con posterioridad a dicha fecha se haya perdido la condición de aforado".

En conclusión y de conformidad con el Acuerdo del Pleno ya citado, verificamos en este control casacional que el Juicio Oral fue abierto por el Sr. Juez Instructor de la presente Causa Especial por auto de 1 de Julio de 2013 , para ante la Sala Civil y Penal del TSJ de la CV, momento en que quedó definitivamente consolidada la competencia de dicho Tribunal siendo inmune a la pérdida de la condición de diputadas de Les Corts de ambas personas, máxime si se tiene en cuenta que fue debida a una renuncia voluntaria de su condición de diputada efectuada significativa-

mente días antes del inicio de las sesiones del Plenario, lo que podría constituir una táctica dilatoria que en modo alguno puede tener acogida por el Ordenamiento Jurídico».

Con el máximo de los respetos, pero con la máxima firmeza, disentimos de esta solución que está aplicando el TS desde el año 2014, avalada por alguna sentencia aislada del TC[47], y que parece ser el criterio

---

47 STC (1ª) 22/1997, de 11 de febrero (*Caso Calero*). La raíz del conflicto que surge con esta sentencia se halla en la interpretación del instituto del *aforamiento* en confrontación con la Ley de 1912, ya que siendo el recurrente de amparo un Diputado, que había sido investigado por el TS, al dejar su acta de parlamentario pendiente el proceso, el Alto Tribunal devolvió el asunto al juzgado ordinario. Señala el TC: «A este respecto cumple señalar que la regulación legal de la prerrogativa de aforamiento de Diputados y Senadores se encuentra en un confuso marco normativo (Ley de 9 de febrero de 1912; arts. 303.5, 309 y 750 a 756 L.E.Crim.; arts. 20.2 y 21 del Reglamento del Congreso de los Diputados y art. 22 del Reglamento del Senado), integrado parcialmente por normas preconstitucionales y cuya persistencia al día de hoy sólo se explica por el olvido del Legislador, pese a nuestros llamamientos anteriores -que hemos de reiterar ahora- sobre la inseguridad jurídica que tal situación comporta (STC 206/1992, fundamento jurídico 3º). La inseguridad jurídica que genera la inadecuación de la vieja normativa hoy existente sobre la regla procesal del aforamiento de Diputados y Senadores exige, para una interpretación coherente y sistemática de este instituto, una pronta acción del Legislador». En esta Sentencia, se produjeron dos míticos votos disidentes de los magistrados Gimeno Sendra y García Manzano, que dijeron, a nuestro juicio, con mucho mejor criterio: «Así, pues, al trasladar el T.S. y ahora a este Tribunal (con todos los riesgos de congelación jurisprudencial) tales exigencias contenidas en las garantías materiales de la inmunidad e inviolabilidad al presupuesto procesal del aforamiento, permite a la Sala de lo Penal del T.S. que pueda revisar el contenido del suplicatorio, con una particularidad y es la de que el cumplimiento de una regla de "orden público", como lo es la competencia objetiva, va a depender de un factor externo e incontrolable por las Cámaras, cual es el tiempo en el que se produzca el hecho punible (así, si el supuesto delito se comete al principio del mandato parlamentario, es probable que, de ese hecho, conozca el T.S., en tanto que si sucede durante los últimos meses de dicho mandato entenderá el Juez natural) o que el T.S., no obstante el suplicatorio, entienda, una vez expirado el mandato, que el hecho está o no "directamente relacionado con el ejercicio de la función pública inherente al cargo representativo", lo que no debiera suceder nunca, pues, en tal caso, el T.S. se arrogaría funciones parlamentarias, al tener que decidir sobre el contenido del suplicatorio, pudiendo originar un conflicto constitucional entre ambos Poderes del Estado» (Vid. MARTÍNEZ SOSPEDRA, M., *Privilegio discutido. La inmunidad parlamentaria en el Derecho español*, cit., págs. 348 y ss.).

que amenaza con aplicar también el prelegislador de 2020[48], nos parece absolutamente rechazable, principalmente por dos razones fundamentales: en primer lugar, y fundamentalmente, porque parece absurdo considerar que la perpetuación de la jurisdicción y la competencia de un tribunal (como efecto directo de la predeterminación judicial exigido por el art. 24.2 CE) se difiera a un momento tan tardío del proceso penal como el de apertura del juicio oral. Si eso fuera así, por ejemplo, una ley posterior a la comisión del delito, o al inicio del proceso, o simplemente un acto gubernativo, podría hacer «saltar» la competencia objetiva de un órgano jurisdiccional con tal de que la entrada en vigor de una nueva norma produjera antes del auto de apertura del juicio oral. En definitiva, no respeta el postulado elemental de la predeterminación legal que exige el Tribunal Constitucional, puesto que el Juez podría ser determinado por una ley futura[49]; y en segundo lugar, porque parece un poco *tramposo* referirse sólo a otros momentos posteriores a la apertura del juicio oral como posibles criterios de consolidación de la «*perpetuatio iurisdictionis*», sin mencionar las dos propuestas que –respecto del «*dies a quo*» de la predeterminación legal– se han venido manejado, con seriedad por la doctrina española (e italiana): la perpetuación se produce o bien en el momento del inicio del proceso, o bien en el momento de la comisión del hecho delictivo[50]. La consolidación de la competencia

48 El Anteproyecto de LECRIM 2020 (en adelante ALECRIM 2020), contiene esta previsión: «No obstante, si antes de la apertura del juicio oral deja de dirigirse el procedimiento contra la persona aforada, se pasarán los autos al tribunal que sea competente» (artº. 36.3).

49 STC nº 34/2021, de 17 de febrero de 2021: «[…] La generalidad y la abstracción de los criterios legales de atribución competencial garantiza la inexistencia de Jueces ad hoc; la anterioridad de tales criterios al caso a enjuiciar garantiza que una vez determinado en concreto el Juez de un caso en virtud de la aplicación de las reglas competenciales establecidas en las leyes, no podrá ser desposeído de su conocimiento en virtud de decisiones tomadas por órganos gubernativos (STC 101/1984, de 8 de noviembre, FJ 4; STC 199/1987, de 16 de diciembre, FJ 8)».

50 Habría otra solución a la que podría haberse referido la propia Sala 2ª, que ha sido incluso manejada por ella en alguna ocasión, como se afirma en el ATS 12552/2012, de 3 de diciembre. Según esta resolución, solo cuando un juez de instrucción envía su exposición razonada, una vez agotada la investigación contra un aforado; solo en ese

objetiva del tribunal sentenciador (y, por ende, la competencia funcional del órgano de instrucción) se ha producido siempre mucho antes de la producción del auto de apertura del juicio oral. Por otra parte, parece que el TS no es consciente de que, de diferirse la cristalización de la competencia un momento tan tardío como la apertura del juicio oral, su argumentación se vuelve precisamente contra él, puesto que igualmente, hasta ese lejano momento procesal, puede quedar al azar o al capricho del acusado (por ejemplo, con su renuncia al acta de parlamentario) la determinación definitiva de la competencia objetiva del tribunal. En definitiva, si el legislador constituyente quiso *predeterminar* (no determinar) la competencia de los Jueces, la predeterminación debe ser, como mínimo, anterior al inicio del proceso, aunque el objeto del proceso quede delimitado, tanto en su ámbito objetivo como subjetivo, con posterioridad a esos momentos.

Por lo tanto, como afirmábamos en algún pasaje anterior[51], una de dos: o la predeterminación ha de estar referida al momento de la comisión del hecho, o a la secuencia sucesiva de hechos (en los casos de delitos continuados), o ha de ser tan solo anterior al inicio del proceso. Cada una de estas dos soluciones tiene ventajas e inconvenientes, argumentos a favor y en contra. Veámoslo.

En favor de la segunda opción –que la atribución de la competencia sea la vigente en el momento de la iniciación del proceso penal– militan dos importantes argumentos. Por una parte, esta interpretación lograría la equivalencia o simetría entre el proceso penal y el civil, puesto que en el ámbito civil (en general, en lo que a procesos no penales se refiere, como el social o el contencioso administrativo), la «perpetuatio iurisdictionis» opera como uno de los efectos jurídico-procesales de la litispendencia, y ésta se produce con el acto de parte que inicia el proceso, llámese demanda, recurso, cuestión, papeleta, etc.). De esta

momento es cuando pueden entrar en juego las normas de competencia especial ratione personae (vid. ATSJ de Comunidad Valenciana, Sala de lo Civil y Penal, nº 50/2013, de 23 de julio).

51 Vid. *ut supra*, *Capítulo II*, epígrafe 3.3.

manera, dejando aparte la tradicional discusión acerca de la naturaleza jurisdiccional o administrativa de la actividad instructora, a los efectos de la predeterminación legal del juez, el «dies a quo» coincidiría con el momento de la llegada de la «notitia criminis» al órgano jurisdiccional, normalmente a través de una denuncia o una querella. En segundo lugar, si la regla de la predeterminación del juez legal tiene como ratio impedir que incluso el legislador (mucho menos, las partes) pueda intervenir con posterioridad para designar un juez «ad hoc» (sospechoso de parcialidad), la garantía se respeta siempre que la intervención se imposibilite desde el mismo momento en el que el Juez de instrucción inicia su tarea, una vez que llega a él la «notitia criminis»[52].

Esta solución, muy estética, absolutamente inobjetable en cuanto a su aplicación a los procesos no penales (cuyo comienzo se produce solo a instancia de parte: «*nemo iudex sine actore*»), sin embargo, cuenta con la dificultad insalvable de la aplicación estricta del principio de legalidad penal propio del proceso penal y el carácter necesario de éste. En efecto, el *principio de legalidad*, quiere decir, en general desde una vertiente procesal, que el proceso ha de iniciarse, desarrollarse y concluir conforme a la ley formal (art. 117.3 CE). Pero en el ámbito del proceso penal este principio, al que se le suele designar también con el término de *necesidad*, exige, además, que tanto los propios tribunales como el Ministerio Fiscal deben promover la acción de la Justicia siempre que se produzcan hechos con apariencia delictiva según la propia legalidad sustantiva. Es decir, y en ello consiste una de las mayores conquistas de las sociedades jurídicamente más avanzadas, a toda conducta punible penalmente debería corresponderle siempre, sea quien sea el presunto responsable, la actuación del *ius puniendi* del Estado, a través de la intervención del tribunal penal competente en el momento de cometerse el delito. De ahí que nos decantemos por la interpretación que entiende que la garantía constitucional de la predeterminación legal del juez se

52 Puede verse una interesante defensa de este criterio en DÍEZ-PICAZO GIMÉNEZ, I., «El Derecho fundamental al juez ordinario predeterminado por la ley» … *cit.*, págs. 105 y ss.

refiere al momento de la comisión del hecho objeto de enjuiciamiento (hecho punible)[53]. Solución, por lo demás, que nos permite conectar el principio de irretroactividad de la norma sancionadora (ámbito sustantivo), que se refiere siempre al «*dies commissi delicti*», con la predeterminación competencial, que vendría a ser un correlato procesal.

Es cierto que esta propuesta sólo es aplicable al ámbito procesal penal y que, *prima facie*, pudiera parecer más razonable que un tema tan importante, como es el momento de la predeterminación judicial, debiera de tener un tratamiento homogéneo en todas las jurisdicciones[54]. Sin embargo, entendemos que el enjuiciamiento por un órgano jurisdiccional fijado por una ley posterior (o en virtud de unos hechos acaecidos con posterioridad al hecho punible, como pudiera ser la pérdida o adquisición de la condición de aforado) sería un enjuiciamiento realizado por un tribunal simplemente «determinado» por la ley, cuando lo que realmente exige el art. 24.2 CE es un juez «*predeterminado*» por la ley. Este argumento, con indudable conexión constitucional, permite que esta interpretación que proponemos, nacida y aplicable exclusivamente en el proceso penal, constituya una excepción razonable respecto de los procesos no penales.

Por otra parte, siempre hemos pensado que el principio de «*perpetuatio iurisdictionis*» no puede actuar de la misma forma en el proceso civil (y asimilados) que en el proceso penal. Un principio como el de la «*perpetuatio*», de innegable origen procesal civil[55], que tiene como finalidad el evitar que pueda sustraerse, a partir del comienzo del proceso (momento de la interposición de la demanda, siempre que sea poste-

53 En el pasado, bien es cierto que sin profundizar en las especialidades de la predeterminación del juez en el proceso penal, nos habíamos mostrado más proclives a considerar que la predeterminación se refería al inicio del proceso. Ahora lo vemos más claro, y pensamos que la «anterioridad» de la norma se predica, solo en el proceso penal, de los hechos que se han de enjuiciar. Vid. CHOZAS ALONSO, J. M., *La «perpetuatio iurisdictionis»* cit., pg. 147.

54 DÍEZ-PICAZO GIMÉNEZ, I., *Ibídem*.

55 Vid. CHIOVENDA, G., «Sobre la *perpetuatio iurisdictionis*», en *Ensayos de Derecho Procesal Civil*, Buenos Aires, EJEA,1949, Vol. II (trad. Sentís Melendo), pg. 33.

riormente admitida), el conocimiento de un asunto al órgano jurisdiccional que está hasta ese momento encargado de la tramitación del mismo, no encaja bien en la dinámica propia del proceso penal. En efecto, si un Juez de Instrucción comienza con la investigación de un delito y más tarde se demuestra que el hecho punible se ha perpetrado en otra circunscripción, dicho juez debe inhibirse en favor del «*forum delicti commissi*»; o si un Juzgado Central de Instrucción está llevando un sumario y aparece implicada una persona aforada –Diputado, Senador, miembro del Gobierno, etc.– debe necesariamente operarse una «*mutatio iudicii*» en favor del TS. Como vemos, los hechos descubiertos tras el comienzo del proceso no es que puedan, sino que «deben» tener incidencia en la determinación definitiva del órgano competente. Por el contrario, la «*perpetuatio* penal» no puede ser considerada como un efecto de la litispendencia, sino como un efecto directo de la predeterminación legal del juez, que se produce en un momento anterior al inicio del proceso penal (interposición de la querella o de denuncia nominativa, siempre que de lugar a la incoación del sumario, diligencias previas, etc). Por así decirlo, en el proceso civil hay una perpetuación de la jurisdicción desde el momento en el que efectivamente comienza el proceso, mientras que la perpetuación de la competencia penal se produce desde el mismo momento en el que, en abstracto, podría comenzar el proceso, esto es desde el «*dies commissi delicti*».

Además, en otro orden de consideraciones, cabe resaltar que nuestro Derecho histórico, desde el texto constitucional de 1837 hasta la actualidad, ha mantenido la constante de entender que la *predeterminación* debe estar referida al momento de comisión del hecho delictivo, no al inicio del proceso[56]. La redacción del art. 9 de la Constitución de 1837 (que más tarde pasaría, intacto y manteniendo la misma numeración, a

56 La Constitución de Cádiz de 1812 solo exigía una determinación legal anterior al caso, sin definir claramente si el texto se refería a la comisión del delito o al inicio del proceso, aunque en su favor hay que decir que fue la primera en proyectar el contenido del derecho al juez predeterminado sobre todos los procesos jurisdiccionales, ya fueran estos «civiles o criminales», a diferencia de lo que hicieron sus sucesoras, que solo reservaron ese derecho a los procesos penales. En concreto el art. 247 de la Constitución de Cádiz

la Constitución de 1845) es muy claro: «ningún español puede ser procesado ni sentenciado por juez o tribunal competente, *sino en virtud de leyes anteriores al delito* y en la forma que éstas prescriban». Avanzando en el tiempo, la Constitución de 1869 sigue, en lo fundamental, la pauta de los textos de 1837 y 1845, aunque introduce una mención a los «Tribunales extraordinarios», por contraposición al «Juez ordinario»[57]. La Constitución de 1876, por su parte, suprime el apartado segundo del art. 11 de la CE de 1869, y vuelve, en esencia, al texto de 1837 y 1845. Y la Constitución republicana de 1931, aunque con un texto más oscuro en su redacción, vuelve a incidir en la idea de antelación al delito: «Solo se castigarán los hechos declarados punibles por *Ley anterior a su perpetración*. Nadie será juzgado sino por juez competente y conforme a los trámites legales».

Por otra parte, en apoyo de la posición que mantenemos, creemos que no resulta ocioso recurrir al principio de la seguridad jurídica (art. 9.3 CE). En efecto, aunque el sustento fundamental de la perpetuación de la jurisdicción desde el momento de la misma comisión de los hechos delictivos lo encontramos en el art. 24.2 CE, también puede apoyarse en el principio de *seguridad jurídica*, sobre todo en lo tocante a la irrelevancia de cambios fácticos acaecidos con posterioridad a dicho momento, que pudieran, en principio, incidir sobre la determinación de la competencia.

Somos conscientes de la dificultad de manejar el nebuloso concepto de seguridad jurídica, y de que todo intento de aproximación a él engendra una cierta «inseguridad» debido a la imprecisión y equivocidad de que adolecen muchos intentos doctrinales y jurisprudenciales dirigidos a concretar sus contornos. Sin embargo, nadie duda de que la

---

rezaba: «ningún español podrá ser juzgado en causas civiles ni criminales por ninguna comisión, sino por el tribunal competente *determinado con anterioridad* por la Ley».

57 Art. 11 de la Constitución de 1869:

«Ningún español puede ser procesado ni sentenciado por juez o Tribunal a quien, en virtud de *Leyes anteriores al delito*, competa el conocimiento y en la forma que éstas prescriban.

No podrán crearse Tribunales extraordinarios ni comisiones especiales para conocer de ningún delito».

seguridad constituye una de las finalidades esenciales de todo sistema jurídico medianamente avanzado. Como dice GARRIDO FALLA, «este principio responde al sentimiento individual que exige conocer de antemano cuáles son las consecuencias jurídicas de los propios actos; quien se compromete a algo o inicia una actuación de cualquier tipo *ha de encontrar una respuesta jurídica cierta en el Ordenamiento jurídico vigente…*»[58]. Es decir, la seguridad jurídica se presenta, al menos en su faceta más importante, como *certeza del Derecho*. En función del previo conocimiento del Derecho por sus destinatarios, éstos pueden programar sus expectativas futuras bajo pautas razonables de previsibilidad[59]. Esto sentado, poca seguridad jurídica hay si una persona aforada que comete un hecho delictivo durante su mandato, o en el desempeño de su cargo, puede alterar la competencia objetiva del órgano jurisdiccional que tendría que conocer de «su caso», por hechos posteriores al «*dies commissi delicti*», en muchos casos realizados unilateralmente por el presunto reo (por ejemplo, a través de una oportuna renuncia al acta de Diputado, o dimitiendo de su cargo, etc.). La interpretación que proponemos constituye es la única forma de impedir posibles «maquinaciones», ¿a veces fraudulentas?, como las que estamos acostumbrándonos a ver, para evitar que juzgue tal o cual TSJ o, incluso, el propio TS.

Finalmente, el *principio de igualdad* también debe participar en el sustento de la interpretación aquí propuesta. La Constitución Española contiene varias referencias de las que necesariamente se ha de partir para realizar un interpretación correcta del verdadero alcance de este *principio*: a) el art. 1 CE proclama la igualdad como valor superior del ordenamiento jurídico (principio del Derecho); b) por su parte, el art. 9.2 consagra la obligación de los poderes públicos de promover las condiciones para que la libertad y la igualdad del individuo y de los grupos en que se integra sean reales y efectivas; y c) como *derecho fundamental*, el art. 14 CE preceptúa que «los españoles son iguales ante la ley, sin que

58 GARRIDO FALLA, F., *Comentarios a la Constitución*, (con VV.AA.), Madrid, Civitas, 1985, 2ª Edic., pg. 169 (la *cursiva* es nuestra).

59 PÉREZ LUÑO, A., *La seguridad jurídica*, Barcelona, Ariel, 1991, pg. 22.

pueda prevalecer discriminación alguna por razón de nacimiento, raza, sexo, religión, opinión o cualquier otra condición o circunstancia personal o social». De la interpretación conjunta de estos preceptos, cada uno diferenciable de los otros, podemos quedarnos con la exigencia de que haya una estricta igualdad en la aplicación de la ley.

Pues bien, sólo si se entiende que la predeterminación legal del juez y la consiguiente perpetuación de la jurisdicción (y de la competencia) se produce, en el ámbito penal, en el momento de la comisión del delito, se garantiza plenamente la igualdad en la aplicación de la ley entre los aforados y el resto de los justiciables no aforados. Porque en el caso de que los aforados puedan «maniobrar» con actos individuales tendentes a «elegir» el tribunal que debiera conocer de su asunto, se produciría una clara discriminación respecto de los «no aforados», que en modo alguno, como sabemos, y sobre lo que nos extenderemos más adelante, pueden disponer de las normas de competencia objetiva de los tribunales penales (al ser normas de Derecho imperativo).

Un ejemplo ilustrativo de que nuestra opción es la más acorde con la CE lo tuvimos en los prolegómenos de la instrucción del «Procés», con los ex-miembros del Gobierno catalán (ahora indultados), que eran aforados *en el momento de cometer los hechos* que se les imputaron, pero dejaron de disfrutar de su *status privilegiado* cuando fueron cesados de sus cargos, en ejecución del artº. 155 CE (previa autorización del Senado, a través del Decreto 944/2017, de 27 de octubre); sin embargo, este hecho del cese *sobrevenido* no influyó en la determinación del tribunal competente para conocer de sus delitos (el TS). De hecho, de haberse seguido el criterio de la determinación de la competencia del tribunal en el momento del inicio del proceso, hubiese sido competente la AN[60].

---

60 CHOZAS ALONSO, J.M., «La Audiencia Nacional no debería conocer de la causa contra los exmiembros del Gobierno catalán» *(Publicado en el Blog Jurídico "Hay Derecho", 7/11/2017)*. Disponible en: *https://www.hayderecho.com/2017/11/07/la-audiencia-nacional-no-deberia-conocer-de-la-causa-contra-los-exmiembros-del-gobierno-catalan/*

Afortunadamente, como pequeño «brote verde» jurisprudencial, parece que el TC está variando su propio criterio, y en la muy reciente STC nº 34/2021, de 17 de febrero (recurso de amparo de la condenada por desobediencia en el caso del «Procés», Meritxell Borràs i Solé), que ya no menciona la nefanda STC 22/1997, de 11 de febrero (Caso calero), hasta ahora la STC más citada en esta materia de prerrogativas parlamentarias (la del voto particular del añorado Vicente Gimeno Sendra, tantas veces citada), dice, sin ambages que:

> «[...] *A tenor de dicha doctrina, hemos reiterado que su contenido exige, en primer término, que el órgano judicial al que se atribuye un asunto litigioso haya sido creado previamente por la norma jurídica, que ésta le haya investido de jurisdicción y competencia con anterioridad al hecho motivador de la actuación o proceso judicial y que su régimen orgánico y procesal no permita calificarle de órgano especial o excepcional. La generalidad y la abstracción de los criterios legales de atribución competencial garantiza la inexistencia de Jueces ad hoc; la anterioridad de tales criterios al caso a enjuiciar garantiza que una vez determinado en concreto el Juez de un caso en virtud de la aplicación de las reglas competenciales establecidas en las leyes, no podrá ser desposeído de su conocimiento en virtud de decisiones tomadas por órganos gubernativos (STC 101/1984, de 8 de noviembre, FJ 4; STC 199/1987, de 16 de diciembre, FJ 8)*».

Por el contrario, la Sala 2ª del TS sigue manteniéndose en «sus trece» respecto a considerar la resolución judicial que abre el juicio oral como momento determinante de la competencia del tribunal, tal y como se colige en el caso «caso Borràs», así denominado por los medios de comunicación por afectar a la Sra. Laura Borràs i Castenier, expresidenta del Parlamento de Cataluña. En efecto, esta Diputada autonómica catalana, antes de acceder a este nuevo fuero, era Diputada nacional, y estaba siendo investigada, junto a otro coimputado, por el TS por unos presuntos delitos de malversación, prevaricación, falsedad documental y fraude a la administración, mientras estuvo al frente de la Institució de les Lletres Catalanes (ILC). Pues bien, como se señala en el Auto nº 3961/2021, de 24 de abril de 2021 (*Causa Especial* nº 20954/2019),

> «[...] acreditada la pérdida de la condición de aforada de *Noemí* (así se denomina a la Sra. Borràs en la base de datos del CENDOJ) sin que se haya procedido a la apertura del juicio oral (STS 22/1991, de 11 de febrero y Acuerdo de Pleno no Jurisdiccional de esta Sala de 2 de diciembre de 2014), ha de entenderse que esta Sala ha perdido la competencia para conocer de los hechos imputados tanto a la persona hasta ahora, como de Juan Alberto, debiendo remitirse testimonio de todo lo actuado al Tribunal Superior de Justicia de Cataluña, concorde con el art. 57.2 del Estatuto L.O. 6/2006, de 19 de julio de reforma del Estatuto de Autonomía de Cataluña».

¿Es esto razonable? ¿La pérdida sobrevenida de la condición de aforada hace perder la competencia objetiva a la Sala 2ª del TS? Sinceramente, creemos que no.

Lo malo es que esta doctrina del TS sigue siendo fuente de inspiración interpretativa en todos los casos que, inexorablemente, se van sucediendo en el tiempo. El último caso mediático con aforado es el la exvicepresidenta valenciana Dª Mónica Oltra Jarque, quien había dimitido de sus cargos tras ser formalmente investigada por encubrir, presuntamente, un caso de abusos sobre una menor tutelada por el que fue condenado el ex marido de aquella. Pues bien, se nos vuelve a decir que, como la Sra. Mónica Oltra estaba aforada en el Tribunal Superior de Justicia de Valencia (TSJV), dada su doble condición de miembro del Gobierno valenciano y diputada autonómica, su dimisión determina, ipso facto, la inmediata desaparición del fuero (en este caso el TSJV), y su causa debe regresar al Juzgado de Instrucción de Valencia, como si de una ciudadana más se tratara.

Aunque no se trate, estrictamente, de una Diputada o Senadora, la doctrina jurisprudencial aplicada es la misma y, desde un punto de vista procesal, debemos cuestionarnos, una vez más, si es justo, razonable y, lo que es más importante, acorde con la Constitución española, este nuevo trasvase de competencia jurisdiccional del TSJV hacia el Juzgado de Instrucción de Valencia, propiciado, exclusivamente, por la actuación unilateral de la propia persona investigada (en este caso, mediante su dimisión que, por otra parte, había eludido con vehemencia tan solo unos días antes)[61].

Si lo anterior no fuera suficientemente llamativo, preguntémonos qué ocurriría si, contando con la lentitud de la justicia -en pura hipótesis- la Sra. Oltra se presentara a las próximas elecciones generales y fuera elegida Diputada o Senadora (¿alguien se atrevería a descartarlo por completo?), y pasara a ser aforada ante el Tribunal Supremo. Pues que se produciría otro peregrinaje (o mejor, romería) competencial. Pero no sería esa la última pirueta judicial, ya que si la investigada renunciara después a su acta, antes de la apertura del juicio oral, la causa bajaría de nuevo al Juzgado de Instrucción de Valencia. ¿Alguien da más?[62]

Así las cosas, nos parece un «imperativo moral» seguir diciendo que el Derecho, con mayúsculas, debe impedir que unos justiciables privilegiados (los aforados) puedan «elegir» a los jueces que les van a investigar y a juzgar, mientras que a la inmensa mayoría de los ciudadanos se nos impone, como es lógico, el tribunal que ha de conocer de nuestros ilícitos penales, porque es ese, y no otro, el juez predeterminado por la ley, tal y como exige el artículo 24.2 CE.

Como añadidura, en el ínterin entre la entrega de este trabajo a la editorial y su publicación definitiva, asistimos a un nuevo caso con aforado que también hace saltar por los aires los postulados básicos de la predeterminación legal de la competencia del TS. Se trata de un proceso

---

61 Efectivamente, La Sala de lo Civil y Penal del TSJV, siguiendo el criterio uniforme del TS, acordó devolver al Juzgado de Instrucción número 15 de Valencia la investigación abierta contra la exvicepresidenta de la Generalitat y otras 13 personas por la gestión del caso de abusos sexuales de un monitor, exmarido de la Sra. Oltra, a una menor tutelada. Los magistrados declararon la falta de competencia de la Sala para continuar con la instrucción y el conocimiento de estos hechos, una vez acreditada documentalmente la renuncia de Oltra al cargo de diputada autonómica y, por tanto, a su condición de aforada ante el alto tribunal autonómico, por lo que se devolvió la causa al Juzgado de Instrucción nº 15 de Valencia.

62 CHOZAS ALONSO, J.M., «La romería de los aforamientos» *(Publicado en el Diario ABC*, 29/6/2022, pg. 21). Disponible en: *https://www.abc.es/espana/abci-jose-manuel-chozas-alonso-romeria-aforamientos-202206290342_noticia.html*

penal iniciado contra un Diputado llamado Miguel Ángel Bustamante Martín (perteneciente al Grupo Parlamentario Unidas Podemos), a raíz de una denuncia interpuesta por su pareja ante el Juzgado de Primera Instancia e Instrucción de Écija (Sevilla), por «un presunto delito de malos tratos y otros», y en la que se pedía para la denunciante una orden de protección respecto al parlamentario. Una vez recibida la denuncia, el Juzgado ecijano, con buen criterio, incoó diligencias previas y dio traslado a la Fiscalía para que informara sobre la competencia para investigar los hechos, dada la condición de aforado del denunciado, al ser Diputado en el Congreso. En este sentido, el MF emitió un informe favorable a la inhibición en favor del TS, tras lo que la juez dictó un nuevo auto acordando dicha inhibición. Sin ningún trámite posterior, ni «Exposición razonada», tal y como establece la legislación aplicable, el Juez de Écija elevó la causa al TS (artº 12 LECRIM y artº 2, I Ley 1912).

Sin embargo, una vez recibida la causa en la Sala 2ª TS, el Magistrado instructor se ha dirigido al Juzgado ecijano manifestándole que mientras el TS «decide sobre la competencia de la causa» –como si el TS tuviera que decidir sobre su competencia atribuida ex Constitutione (art. 71.3)–, el Juzgado andaluz «sigue siendo el competente», por lo que debe resolver rápidamente sobre la pretensión de protección. Para ello, ordena remitir las actuaciones de nuevo a dicho Juzgado por el conducto más rápido posible, adelantando por correo electrónico testimonio de las mismas. Según las fuentes periodísticas consultadas, la resolución del Magistrado del TS explica que «el Supremo ha recibido del Juzgado de Écija las diligencias incoadas por la denuncia de la mujer, "y pese a que la remisión no ha venido precedida de la correspondiente memoria explicativa, sin que quepa una suerte de remisión inhibitoria directa del órgano de instancia al Tribunal Supremo", ante el objeto del proceso y los deberes de especial celeridad que se derivan del mismo, se acuerda dar traslado al Ministerio Fiscal para que informe sobre la competencia del Supremo para conocer de la causa».

Pero entre estos dimes y diretes entre el TS, la Fiscalía y el Juzgado de Instrucción, el Diputado investigado ha anunciado que renuncia a su acta como Diputado; y con esta decisión todo el mundo sobreentiende, con el TS a la cabeza, que el Alto Tribunal dejará de conocer de este asunto definitivamente, pasando el caso a la competencia del tándem (competencia funcional-objetiva) compuesto por Juzgado de Instrucción de Écija-Juzgado de lo Penal (o AP de Sevilla) [vid. https://elpais.com/espana/2022-10-31/el-diputado-de-unidas-podemos-denunciado-por-malos-tratos-renuncia-a-su-escano.html].

2. OTRA VUELTA DE TUERCA JURISPRUDENCIAL: EL SUPUESTO DE LA ADQUISICIÓN SOBREVENIDA DE LA CONDICIÓN DE AFORADO DURANTE EL PROCESO (CASO DEL «EXSECRETARIO DE ORGANIZACIÓN DEL PARTIDO PODEMOS»)

Como acabamos de ver, en su Acuerdo no jurisdiccional de 2014, seguido de la decisiva STS(2ª) nº 869/2014, de 10 de diciembre, se estableció el criterio jurisprudencial de que es la resolución que acuerda la apertura del juicio oral la que fija el momento en el que queda definitivamente determinada la competencia del tribunal enjuiciador, aunque con posterioridad se haya perdido la condición de aforado. Podríamos pensar, pues, que con carácter general, la *perpetuatio iurisdictionis* en todos los procesos con aforados, se fija en dicho momento procesal.

Sin embargo, y de forma sorpresiva, el TS ha inventado una nueva doctrina sobre esta materia de la predeterminación legal del tribunal en casos de «aforados», introduciendo un matiz diferenciador muy importante entre la «pérdida» y/o la «adquisición» sobrevenidas del fuero; a saber: aunque la infracción punible fuera cometida «antes» (o incluso, mucho «antes») de la adquisición de la condición de aforado por parte de una persona, el TS atrae el conocimiento de la causa aunque ya se haya traspasado la «barrera» de la resolución que acuerda la apertura del juicio oral. Es decir, la sobrevenida adquisición del fuero ante el TS hace que el Juez de lo Penal, o la Audiencia Provincial, o la Audiencia

Nacional, etc., que estaban conociendo según las normas de competencia objetiva aplicables por razón de la materia o por razón de la gravedad del delito, ceden ante la aplicación «sobrevenida» de las normas *ratione personae*, con la consiguiente necesidad de solicitud del suplicatorio a la Cámara correspondiente, y la consiguiente finalización del pleito ante el TS, si se obtiene la autorización citada[63].

En definitiva, si bien se mira, sin citar la norma en cuestión, el TS (su Sala 2ª) está aplicando el art. 2º, párrafo segundo, de la Ley 1912, a la que siempre tacha de «preconstitucional» (en un sentido peyorativo que no debería ser referido a ninguna norma por el mero hecho de ser longeva) que establece «la causa debe ser conocida por el TS en cuanto se tenga constancia de que una persona ha adquirido la condición de Diputado o Senador». Sin embargo, como dijimos en su momento[64], nosotros entendemos que esta norma está tácitamente derogada por el artº 24 CE, ya que este precepto exige la *predeterminación* legal del tribunal.

Esta novedosa doctrina jurisprudencial se ha aplicado en otro reciente caso mediático de proceso con aforado ante el TS, en concreto, en la «*Causa Especial*» núm. 21019/2019, conocido como el caso del «Secretario de Organización de Podemos» o caso del «número tres de Podemos» o, directamente, caso «Alberto Rodríguez Rodríguez». Así, en su Auto de 25 de mayo de 2021, el TS ha seguido la misma doctrina establecida en otro precedente reciente, otra *Causa Especial*, la *núm.* 20011/2020 (caso de un Diputado autonómico en Cataluña, el Sr. Nuet, exmiembro de la Mesa del Parlamento catalán, que adquiere posteriormente la condición de Diputado nacional), Auto nº 1802/2020, de 19 de febrero de 2020, según la cual:

> «(…) la "perpetuatio iurisdictionis" se refiere solamente a los supuestos de pérdida de fuero procesal durante la tramitación de la causa, "*pero no en los casos de adquisición sobrevenida de un fuero procesal por quien*

63 Sobre la autorización para proceder, vid. MARTÍNEZ SOSPEDRA, M., *Privilegio discutido. La inmunidad parlamentaria en el Derecho español*, *Cit.*, pg. 250 y ss.

64 Vid. *ut supra*, Capítulo II, epígrafe 2.

hasta entonces careciera de uno o estuviera amparado por otro diferente", aunque ya se hubiera abierto el juicio oral ante el tribunal originario».

Según esta novedosa e impactante «doctrina», a partir de ahora hay que distinguir dos supuestos para que opere la «*perpetuatio iurisdictionis*»: a) si el aforado deja de serlo una vez dictaminada la apertura del juicio oral ante el TS, la causa finaliza ante el Alto Tribunal (*sensu contrario*, acreditada la condición de aforada de una persona sin que aún se haya procedido a la apertura del juicio oral, se entiende que el TS pierde automáticamente la competencia para conocer de los hechos imputados –*Causa Especial* 20954/2019, «Caso Borrás»–); pero, b) si se acredita «sobrevenidamente» la condición de aforado frente al que se está siguiendo un proceso penal ante otro tribunal, entonces no opera la perpetuación de la jurisdicción y el asunto pasa al Tribunal Supremo, si se concede el correspondiente *suplicatorio* por parte de la Cámara parlamentaria concernida[65].

---

65 Vid. también ATS (2ª) de 10 de diciembre de 2021 (Causa Especial 20011/2020). De alguna manera, lo que viene a hacer ahora el TS es extender «más allá» del inicio del juicio oral la doctrina que había plasmado en alguna resolución anterior, cuando un aforado que había perdido su condición privilegiada la recupera con posterioridad: «*El debate suscitado ante el Juzgado Central de Instrucción sobre la competencia funcional para reaperturar unas diligencias sobreseídas provisionalmente en el Tribunal Supremo ha perdido trascendencia por el renovado acceso de la afectada a un cargo al que está anudado fuero procesal ante esta Sala: diputada en el Parlamento Nacional. No hay ya duda: corresponde a la Sala Segunda del Tribunal Supremo y en concreto al Magistrado Instructor designado en su día* (sin perjuicio de la eventual posibilidad de un recurso devolutivo dentro del propio órgano jurisdiccional), decidir sobre las peticiones de reapertura formuladas tanto por el Fiscal como por las dos acusaciones populares, a las que, solo en caso de reapertura del procedimiento, sería necesario fijar la correspondiente fianza para mantener tal condición. No parece sensato ni práctico exigirles previamente tal caución para reconocerles legitimación. De no accederse a su solicitud habría de ser restituida esa fianza sin solución de continuidad. Es más acorde no solo con la lógica, sino también con el derecho a la tutela judicial efectiva y con un elemental principio de racionalidad interpretativa resolver antes sobre la petición concorde de las tres acusaciones personadas, dos de ellas de forma interina, según resulta de lo expuesto. Solo si se accede a la reapertura, procederá establecer las exigibles fianzas como condición para reconocerles su personación como acusación popular, decidiendo, en su caso, si procede

Por supuesto, nos parece absolutamente desatinada esta postura jurisprudencial, porque eso significa que un asunto puede «peregrinar» al TS hasta el mismo momento en que aún no haya finalizado el proceso con sentencia definitiva (o hasta que esta devenga firme, si hay una nueva vuelta de tuerca del TS). Se trataría de un ataque máximo a la figura de la predeterminación legal del tribunal, exigida por el art. 24.2 CE.

Pero, además, esta nueva doctrina está dando lugar a fenómenos procesales nunca conocidos hasta ahora y, por supuesto, al margen de toda previsión legal, esto es, prescindiendo de las normas esenciales del procedimiento, como veremos a continuación.

En efecto, el magistrado instructor de la Sala II del Tribunal Supremo ordenó proseguir la causa contra el diputado del Partido político Unidas Podemos, D. Alberto Rodríguez Rodríguez, por un presunto delito de atentado y otro delito leve de lesiones, a través de los trámites del procedimiento abreviado, por lo que dio un plazo de diez días al Ministerio Fiscal para que solicitara la apertura de juicio oral, formulando escrito de acusación, el sobreseimiento de la causa o, excepcionalmente, la práctica de diligencias complementarias. Los hechos ocurrieron el 25 de enero de 2014 en La Laguna (Tenerife) con motivo de una manifestación contra el entonces ministro José Ignacio Wert durante la cual el hoy parlamentario presuntamente propinó una patada a un policía.

Respecto de los hechos que son objeto del procedimiento, el Auto, de fecha 12 de abril de 20121 (Causa Especial nº 21019/2019) indica que en el presente caso aparecen bien delimitados desde el inicio de esta causa en cuanto en su origen está otro procedimiento en que se había abierto el juicio oral (por Juzgado de San Cristóbal de la Laguna, en Tenerife), posteriormente remitido al Supremo tras ser elegido Diputado.

Las actuaciones procesales «raras», a nuestros ojos son, fundamentalmente, dos: la primera, que se eleve la causa al TS cuando ya se habían calificado los hechos, tres años antes, por la Fiscalía, ante el Juzgado de

---

la aplicación del art. 113 LECrim» [Vid. ATS(2ª) de 5 de mayo de 2020 (Causa especial 20490/2015), Fto. Jdco. 1º (la *cursiva* es nuestra)].

Instrucción nº 4 de La Laguna, y este Tribunal, mediante Auto, había ordenado la apertura del juicio oral del procedimiento abreviado nº 231/2014. ¿Qué ha pasado con esas actuaciones procesales?

La verdad es que no hemos podido acceder a todas las resoluciones originales, tanto del Juzgado de La Laguna (Santa Cruz de Tenerife), como del propio TS, pero con cierto rigor, podemos reconstruir las actuaciones procesales de la siguiente manera:

1) Tras el desarrollo de las correspondientes Diligencias Previas, el Fiscal de la Causa del P.A. nº 231/2014, evacuando el traslado conferido por Juez de Instrucción nº 4 de La Laguna, ex art. 780 LECRIM, consideró que había suficientes motivos para solicitar la apertura del juicio oral, presentando escrito por que acusaba al Sr. Alberto Rodríguez y a otros cinco manifestantes, calificando los hechos como constitutivos de un delito de atentado y otro de lesiones, proponiendo prueba, y solicitando para cada uno de ellos una pena de un año de prisión, inhabilitación especial para el derecho de sufragio pasivo durante el tiempo de la condena y abono de costas.
2) El Juzgado de Instrucción nº 4 de La Laguna, el día 18 de abril de 2018, por medio de Auto, de conformidad con lo dispuesto en el artículo 783 LECRIM, declaró la apertura del juicio oral contra el Sr. Alberto Rodríguez y los otros cinco manifestantes que le acompañaban, determinando como órgano competente para el enjuiciamiento de la presente causa al Juzgado de lo Penal correspondiente.
3) Al constatar este Juzgado de Instrucción de La Laguna (ya en el año 2020) que el principal imputado había adquirido la condición de Diputado al Congreso, acordó la nulidad parcial de dicho auto en lo que se refería al nuevo aforado.
4) El Juzgado de la Laguna «se queda», pues, con la Causa del P.A. nº 231/2014 mutilada, esto es, excluyendo al Sr. Alberto Rodríguez, y remite al TS los testimonios dimanantes del procedimiento abreviado que se venía siguiendo frente al Diputado de Unidas-Podemos, referidos exclusivamente al aforado.

5) Con fecha 16 de septiembre de 2020 la Sala 2ª del TS dictó un Auto asumiendo la competencia para la instrucción y, en su caso, enjuiciamiento del aforado Alberto Rodríguez Rodríguez, al ostentar la condición de Diputado del Congreso, ordenando la apertura del procedimiento y designando instructor conforme al turno establecido.

6) Una vez obtenido el Suplicatorio, se practican las diligencias que se estiman necesarias, y se remiten las actuaciones al Fiscal para que «ajuste» la calificación de nuevo, de acuerdo con la nueva instrucción. El Fiscal ahora pide un año de prisión, rectificando la petición originaria de seis meses que había solicitado el Fiscal de La Laguna.

7) Tras los trámites procesales oportunos, por medio de Auto de 25 de mayo de 2021, el Magistrado Instructor ordena la apertura del juicio oral contra el único acusado y eleva la causa a la Sala Segunda del Tribunal Supremo.

Así las cosas, nos podemos preguntar: si el Juzgado de Instrucción de La Laguna llegó en su día a dictar auto de apertura de juicio oral contra Alberto Rodríguez, ¿cómo puede esa actuación perfectamente válida *quedar sin efecto tras su elección como Diputado* y pasar a ser aforado ante el Supremo?

Y, por otro lado, ¿cómo puede pedirse al Ministerio Fiscal que «ajuste» la calificación en cuanto a la nueva prueba solicitada limitada al delito o delitos que se imputa/n al aforado?, ¿cómo puede la Fiscalía del TS solicitar ahora seis meses de prisión cuando en el Juzgado de San Cristóbal de la Laguna la Fiscalía había pedido un año, según se había publicado en la prensa[66]?

---

66 Según el Diario *El País*: La Fiscalía del Tribunal Supremo ha rebajado la petición de cárcel solicitada por el Ministerio Público al número tres de Podemos, D. Alberto Rodríguez, por agredir a un policía. En un primer momento la Fiscalía Provincial de Tenerife solicitaba un año de cárcel para el dirigente podemita por un delito de atentado y falta de lesiones. Ahora que la causa ha saltado al Supremo debido a la condición de aforado del procesado, la Fiscalía ha rebajado la solicitud de pena a seis meses de cárcel (https://elpais.com/espana/2021-05-11/la-fiscalia-pide-seis-meses-de-prision-alberto-

En cuanto a lo primero, parece inaudito que una resolución interlocutoria, como lo es el Auto que determina la apertura del juicio oral, una vez que es firme, pueda ser declarada nula, aunque sea parcialmente, por una causa no prevista por la ley. ¿No ordena la Ley que una resolución que ha pasado en autoridad de cosa juzgada formal, ya es «invariable», tal y como exige el art. 267.1 LOPJ, que reza: los tribunales no podrán variar las resoluciones que pronuncien después de firmadas, se entiende que salvo por vía de recurso?, ¿cómo puede anularse una resolución firme, se supone que por haber sido dictada con falta de competencia objetiva (artº 238 LOPJ), cuando en el momento en el que se dictó la resolución el tribunal era el legalmente competente, por ser el juez predeterminado por la ley?

Entendemos que no puede haber excepciones a la regla que exige que, una vez abierto el juicio oral, por una decisión jurisdiccional plenamente válida en el momento en la que fue dictada (porque reunía todos los presupuestos procesales y los requisitos de tiempo, de lugar y de forma), aquélla deviene firme, y ni ese ni ningún otro tribunal podrá denegar que se celebre el juicio por razones sobrevenidas que puedan afectar a la competencia del tribunal. Por otra parte, ¿cómo ha podido dar fe el Letrado de la Administración de Justicia de este desajuste procesal?

En cuanto al cambio de calificación de la Fiscalía del Tribunal Supremo, en relación con la más severa de la Fiscalía de La Laguna, este fenómeno tampoco tiene explicación (el cambio de un año a seis meses). Como recuerda la Circular de la FGE 1/2005, *sobre competencia de las Fiscalías para tramitar diligencias de investigación que afecten a personas aforadas*, en estos supuestos de intervención de más de una Fiscalía por razón del aforamiento, debe respetarse el principio de unidad de actuación establecido en el artº. 124.2 CE. Con la finalidad de asegurar la ple-

---

rodriguez-el-numero-tres-de-podemos-por-pegar-una-patada-a-un-policia.html). Vid. también, noticia de Europa Press, disponible en: *https://www.europapress.es/nacional/noticia-supremo-abre-causa-diputado-unidas-podemos-alberto-rodriguez-atentado-contra-autoridad-lesiones-20200928154423.html.*

na efectividad de este principio deben actuar coordinadamente ambas Fiscalías, y debiera darse prioridad al criterio de la Fiscalía que ha estado más próxima a la averiguación de las fuentes de prueba.

El segundo gran problema procesal que plantea este caso del aforamiento «sobrevenido», que afecta a un grupo de acusados, en el que solo una persona es aforada y el resto no, es el de la división de la continencia de la causa: ¿por qué el TS atrae solo el conocimiento de la causa para la persona aforada, dejando al resto de acusado a merced del tribunal originariamente competente?, ¿qué criterios baraja el Alto Tribunal para escindir los procedimientos? Pero esto lo trataremos con más detenimiento más adelante (cuando veamos la *conexión*[67]).

3. OTRAS «INVENCIONES» JURISPRUDENCIALES

Las «invenciones» (insistimos, en el sentido etimológico del *lat.* «invenire», *encontrar*, *descubrir*) del TS, en materia de los aforamientos, no se agotan al considerar que la resolución que acuerda la apertura del juicio oral es la que fija el momento en el que queda definitivamente determinada la competencia del tribunal enjuiciador, salvo que la *elección como Diputado* o Senador sea posterior a ese momento, en cuyo caso el aforado debe ser enjuiciado necesariamente ante el Supremo.

Aún hay más de estas «invenciones». Al menos, podemos hacer referencia a las cuatro interpretaciones (*«contra legem»*) siguientes, que iremos desgranando brevemente en los apartados que vienen a continuación: a) la «activación» del aforamiento no es automática, sino que depende de unos pretendidos requisitos ideados precisamente por la Sala 2ª del TS; b) los aforamientos no afectan a las causas por «delitos leves»; c) los aforamientos no incumben al Tribunal del Jurado; d) los aforamientos no afectan a la modalidad de enjuiciamiento «rápido». Como tendremos ocasión de comprobar seguidamente, estas afirmaciones son muy discutibles.

---

67 Vid. *ut infra*, epígrafe 4.

3.1. Los pretendidos requisitos para la «activación» del aforamiento y la alteración de la competencia «funcional»: los indicios fundados de responsabilidad criminal (inculpación formal o procesamiento)

Otro mantra jurisprudencial, que todos estamos asumiendo como exigencia inexorable en casos de aforamiento, consiste en la creencia de que el TS sólo dirigirá su actuación contra «sus» aforados cuando haya quedado *indiciariamente* acreditada, de forma individualizada, la actividad delictiva de tales personas. Es decir, en *román paladino*, y con distintas modulaciones, el TS viene a exigir, para la activación del aforamiento, en las causas con pluralidad de sospechosos y donde no todos son aforados, que no basta con una mera imputación personal (a través de una denuncia nominativa, o de una querella, o a través de los datos aparecidos en una investigación judicial previa), sino de la constatación de la existencia de indicios «muy fundados» de responsabilidad, dado que, al tratase de una norma de carácter excepcional (el aforamiento), su aplicación e interpretación debe ser restrictiva.

Sin sonrojo alguno se nos dice que la alteración competencial que entraña el aforamiento de Diputados y Senadores «no puede ser automática», o no puede serlo hasta tal punto de entrar en funcionamiento ante una simple imputación personal o nominal de hechos con apariencia delictiva (esta es la doctrina jurisprudencial consolidada y unánime, establecida en decenas de resoluciones del TS –vid. por ejemplo AATS 8019/2001, de 5 de diciembre; 3874/2006, de 31 de marzo, 4141/2009, de 7 de abril, 9984/2012, de 2 de octubre, 11010/2012, de 15 de noviembre–), con el apoyo inestimable de alguna sentencia del TC (SSTC 22/1997, de 11 de febrero y 68/2001, de 17 de marzo), por lo que el delito tiene que ser investigado previamente por el órgano de instrucción ordinario[68].

---

68 Un elenco, exhaustivo, de las primeras resoluciones del TS que se pronunciaron en este sentido, desde el año 1993, lo podemos encontrar en MARTÍNEZ SOSPEDRA, M., *Privilegio discutido. La inmunidad parlamentaria en el Derecho español*, *Cit.*, pg. 367.

La traducción práctica de esta exigencia jurisprudencial consiste en exigir a los órganos jurisdiccionales inferiores que investiguen los delitos de los aforados con carácter previo y que, una vez agotada la investigación, *decline su propia competencia interina*, elevando una «*Exposición razonada*» (que no es una clase de resolución jurisdiccional[69]) que convenza suficientemente a los magistrados del TS sobre la existencia de una correcta *individualización* de los indicios probatorios contra una persona aforada[70], con la petición de que sea el TS el que asuma defini-

69 Lo más aproximado al juego de las «Exposiciones razonadas» que les exige el TS a los órganos instructores inferiores (juzgados de instrucción, juzgados centrales de instrucción o TSJ), lo encontramos en la previsión del artº 759, 2ª LECRIM, referido a las reglas aplicables para resolver las cuestiones de competencia entre tribunales de la jurisdicción ordinaria, en sede de procedimiento abreviado: «*2.ª Ningún Juez de Instrucción, de lo Penal, o Central de Instrucción o de lo Penal, podrá promover cuestiones de competencia a las Audiencias respectivas, sino exponerles, oído el Ministerio Fiscal por plazo de un día, las razones que tenga para creer que le corresponde el conocimiento del asunto.*

El Secretario judicial dará vista de la exposición y antecedentes al Ministerio Fiscal y a las partes personadas por plazo de dos días y, luego de oídos todos, el Tribunal, sin más trámites, resolverá dentro del tercer día lo que estime procedente, comunicando esta resolución al Juez que la haya expuesto para su cumplimiento».

70 Señala SÁNCHEZ MELGAR, J., «Inmunidad y aforamiento: aspectos procesales», en *Teoría y Derecho. Revista de pensamiento jurídico*, nº 31, 2021 (ejemplar especial dedicado a inviolabilidades, inmunidades y aforamientos), Tirant lo Blanch, pg. 177: «(…) justifica que se exija no solo que se individualice la conducta concreta respecto del aforado que se estima que puede constituir un ilícito penal, sino también que haya un indicio o principio de prueba que respalde tal imputación. En este sentido, vid. los AATS de 27 de enero de 1998, núm. 4120/1997, de 7 y 29 de octubre de 1999, núm. 2030/1999 y 2960/1999; de 2 de enero de 2000, núm. 2400/1999, de 5/12/2001, núm. 6/2001; de 6 de septiembre de 2002 núm. 36/2002 y de 23/4/2003, núm. 77/2003, entre otros. De ahí que para que proceda declarar la competencia es menester que existan suficientes indicios de responsabilidad contra la persona aforada (art. 2º de la Ley de 9 de febrero de 1912). En este mismo sentido, ATS de 27 de junio de 2008, Causa especial 20166/2008.». Vid. también RODRÍGUEZ LAINZ, J. L., «¿Imputado, encausado, investigado o sujeto pasivo del proceso penal?», en *Diario La Ley*, Nº 8520, Sección Doctrina, 16 de abril de 2015, Ref. D-148, pg. 11: «Pero evidentemente, para que se pueda remitir la causa a la Sala de lo Penal del Tribunal Supremo, y ésta remitir a la Cámara correspondiente el suplicatorio, es evidente que esos indicios han de existir y han de fundamentarse en una resolución judicial que justifique los motivos por los cuales esa concreta

tivamente la competencia para seguir investigando y, en su caso, juzgar al aforado[71].

El TS basa esta doctrina de las «*Exposiciones razonadas*» en una supuesta imprevisión legal sobre el momento preciso en el que la instrucción ha de elevarse a la Sala, por lo que exige que se haya agotado

---

infracción criminal se atribuye, imputa a uno u otro. El Diputado o Senador respecto del que un Juzgado de Instrucción, Central de Instrucción o Tribunal Superior de Justicia remite al Tribunal Supremo una exposición razonada no puede atribuir obviamente la condición de imputado a aquéllos; pero la exposición razonada ha de basarse en indicios que encajarían perfectamente en el concepto de imputación a que hace referencia el art. 118 LECrim».

71 Vid., por todas, la magnífica «*Exposición razonada*» que eleva la Magistrada-Juez del Juzgado de Instrucción nº 51 de Madrid, a la Sala Segunda del TS, de fecha 6 de agosto de 2018 (Caso «Pablo Casado», disponible en: https://e00-elmundo.uecdn.es/documentos/2018/08/06/exposicion_razonada.pdf). En ella se establecen los requisitos que viene exigiendo el TS:

"La jurisprudencia del TS ha ido precisando cuál es el significado procesal de esa remisión al Alto Tribunal de la Exposición Motivada para el conocimiento de los hechos delictivos inicialmente atribuidos a cualquier aforado. El TS ha establecido lo siguiente (ATS 05.05.2015):

a. *La exposición razonada que ha de ser remitida al Tribunal Supremo para la investigación de cualquier aforado, sólo será procedente cuando aparezcan indicios de responsabilidad.*

b. *En relación con el nivel que han de tener estos indicios, la STS 277/2015, de 03.06, establece que "la jurisprudencia ha evolucionado hacia un nivel de indicios cualificado. Se opta por un criterio restrictivo a la hora de aceptar la competencia por implicación de un aforado especialmente cuando se trata de causas seguidas también contra no aforados. No se fija la competencia de la Sala Segunda más que cuando se comprueba que existen indicios sólidos de responsabilidad frente a un aforado. No basta cualquier sospecha o conjetura. No son suficientes las posibilidades, más o menos cercanas, o las alusiones indirectas". Es necesario, como indica aludiendo a otras resoluciones, que existan indicios "fundados y serios", una imputación "clara y concreta", o "apoyo probatorio".*

c. *No basta con la constatación puramente nominal de que un determinado hecho delictivo ha sido atribuido a un aforado: "resulta indispensable que el Juez instructor que pretende declinar su propia competencia, exponga las razones que determinarían la incoación por el Tribunal Supremo del procedimiento especial contemplado en los arts 750 a 756 LECrim".*

d. *Ha de ser lo suficientemente exhaustiva como para delimitar -con toda la provisionalidad que es propia de un momento procesal como el presente- el alcance objetivo y subjetivo de los hechos."*

la investigación en todo lo que ha sido posible, sin dirigir el procedimiento contra la persona aforada ni afectar sus derechos, para supuestamente preservar los derechos del aforado previstos en el art. 118, bis) LECRIM.

En su versión más sofisticada, esta jurisprudencia ha llegado a ser aplicada incluso a otro tipo de imputaciones. Nos referimos a aquellas que proceden de denuncias o querellas que se han interpuesto directamente ante el propio TS contra personas aforadas y no aforadas al mismo tiempo. Aquí la tesis jurisprudencial reclama, igualmente, ese doble presupuesto: la individualización de la conducta concreta que con respecto al aforado pudiera ser constitutiva de delito y la presencia de algún indicio o principio de prueba que pudiera servir de apoyo a tal imputación (Vid. Autos de *Causas Especiales* nº 77/2003, de 23/4/2003; nº 20202/2012, de 18/4/2012; o el más reciente, nº 11985/2020, dentro de la *Causa Especial* nº 20542/2020, de 18/12/2020, en el caso de las querellas múltiples contra la «gestión de la pandemia»[72]).

En efecto, en sus últimos Autos de inadmisión de querellas contra aforados, ya sea en la macrocausa de las múltiples querellas contra la gestión de la pandemia, o en el de la inadmisión de la reciente querella del partido VOX contra el Presidente del Gobierno y algunos ministros por la gestión de la ayudas del SEPI a la Línea aérea Plus Ultra, el TS reitera su jurisprudencia por la cual la mera publicación de informaciones en los medios de comunicación no puede justificar, sin más, la apertura de un procedimiento penal para investigar unos hechos si la querella que los incorpora, como es el caso, «no aporta u ofrece algún indicio de su comisión que pueda ser calificado como accesible y racional (…). En esas condiciones, no cabe hablar de un verdadero ejercicio de la acción penal, sino de mera remisión al tribunal de una serie de informaciones difundidas públicamente por los medios de comunicación»[73].

---

72 Vid. también *Causa Especial* nº 20957/2020, Auto de 09/03/2021.

73 Disponible en: *https://www.poderjudicial.es/cgpj/es/Poder-Judicial/Tribunal-Supremo/Noticias-Judiciales/El-Tribunal-Supremo-archiva-la-querella-de-Vox-contra-el-*

El ATS(2ª) de 15 de febrero de 2021 (*Causa especial* 21092/2018[74]), argumenta a estos efectos:

> «3.1.- En primer lugar, es más que visible el paralelismo entre el relato fáctico de los querellantes y las noticias que sobre el mismo tema vienen ofreciendo los medios de comunicación, hasta el punto de que, en algunos de los pasajes de los escritos aportados, se incluyen enlaces a páginas webs de distintos portales informativos. La coincidencia entre lo que es objeto de atención informativa y el contenido de determinados actos procesales es más que previsible. De hecho, así sucede en relación con la legítima difusión informativa de procesos que, por razón de la naturaleza del hecho o por la relevancia pública de sus personajes, captan el interés colectivo.
>
> *Lo que no puede aceptar la Sala, sin embargo, es que el relato de hechos punibles incorporado a una querella, en cumplimiento del mandato del art. 277.4 de la LECrim, sea una transcripción microliteral de lo que el periódico da a conocer a sus lectores. Con carácter general, una noticia por sí sola, no legitima a ningún accionante popular para convertir el relato periodístico en un relato de hechos punibles desencadenantes del proceso penal. Se precisa algo más. Los juicios de valor de quien pretende ejercer la acción popular no convierten la noticia en delito. La acción popular no puede degradar el relevante papel que está llamada a desempeñar en el proceso penal limitándose a convertir noticias en causas criminales. Y mucho menos hacerlo con una regularidad selectiva que esconde una profesionalización del ejercicio de la acción popular*» (la *cursiva* es nuestra).

Lo que en realidad hace el TS en la mayoría de estos casos, en sus Autos de inadmisión, es: a) por un lado, declarar su competencia para instruir la Causa Especial a que pueda dar lugar la denuncia y la querella; b) por otro lado, determinar la acumulación, si procede, o no, en caso contrario, de las causas especiales; c) en tercer lugar, inadmitir las

---

presidente-del-Gobierno-y-dos-ministras-por-la-concesion-de-fondos-de-la-SEPI-a-Plus-Ultra-Lineas-Aereas.

74 Querella interpuesta por el Partido Comunista de España, Izquierda Unida y el Foro de Abogadas y Abogados de Izquierdas, (FAIRADE) contra *S.M. el Rey* D. Juan Carlos de Borbón y contra las demás personas que se identificaban en la querella.

denuncias o las querellas formuladas y decretar el archivo de estas actuaciones *por no estar debidamente justificada la comisión de los hechos punibles* atribuidos a los querellados con fuero procesal en esa Sala; y d) finalmente, deducir testimonio de las denuncias y querellas entabladas con el fin de que sean remitidas al Juzgado Decano de *locus delicti commissi* para que se incoen las causas penales que correspondan, o se acumulen aquellas a las que ya estén siendo o hayan sido objeto de tramitación. Es decir, el TS admite su competencia para con los aforados, pero la declina en favor de los tribunales ordinarios inferiores, para que sean estos los que investiguen los hechos hasta que pueda producirse el «procesamiento», o actuación equivalente, frente a los imputados.

Ni que decir tiene que esta superposición de una competencia objetiva real (prioral), la del TS, y otra vicaria, la de los juzgados de instrucción ordinarios, propicia el peregrinaje continuo de causas, la ida y vuelta competencial y, por ende, retrasos en la tramitación, mientras que al TS no le convenza una perfecta e hipotética «Exposición razonada». Como señala CALDERÓN CUADRADO, «nótese que el rechazo puede motivar una segunda formulación [de Exposición razonada] a realizar más adelante, una vez agotadas las diligencias de investigación que se entendieran precisas, y que nada impide que la nueva exposición razonada siga idéntico camino»[75].

Estos retrasos inútiles e innecesarios, producto de la ida y vuelta jurisdiccional, chocan con las recientes modificaciones del artículo 324 LECRIM, que fijan un plazo máximo de la instrucción de los procesos penales, y cuyo transcurso se anudan graves consecuencias procesales[76]

75 CALDERÓN CUADRADO, PÍA, *Tribunales Superiores...y justicia*, cit., pg.114. Que estas situaciones de «ida y vuelta» no son producto de la imaginación, vid. ATSJ (Sala de lo Civil y Penal, Secc. 1ª) de Cataluña nº 26/2017, de 3 de abril.

76 Tras la entrada en vigor de la Ley 2/2020, de 27 de julio, *por la que se modifica el artículo 324 de la Ley de Enjuiciamiento Criminal*, el citado nuevo precepto establece que:

«1. La investigación judicial se desarrollará en un plazo máximo de doce meses desde la incoación de la causa. Si, con anterioridad a la finalización del plazo, se constatare que no será posible finalizar la investigación, el juez, de oficio o a instancia de parte,

[ya se ha dictado la primera sentencia del propio TS – STS(2ª) 455/2021, de 26 de mayo– sobre las gravísimas consecuencias de dejar transcurrir el plazo, ahora de doce meses, del art. 324 LECRIM sin que se produzca la prórroga de dicho plazo][77]. Pero no se contempla, sin embargo, el peregrinaje de las causas penales con aforados, como motivo justificativo o excepcional que impida la aplicación de los plazos máximos de las instrucciones penales.

Otro importante problema lo plantea, aunque no es este el momento de abordarlo en profundidad, la más que discutible afirmación del TS de que con la interposición de la querella «no quepa hablar de un verdadero ejercicio de la acción penal». No podemos estar de acuerdo con esta aseveración. En estos casos de aforados, como en cualquier otro (en esto tampoco puede haber distinciones, ni especialidades), la interposi-

---

oídas las partes podrá acordar prórrogas sucesivas por periodos iguales o inferiores a seis meses. Las prórrogas se adoptarán mediante auto donde se expondrán razonadamente las causas que han impedido finalizar la investigación en plazo, así como las concretas diligencias que es necesario practicar y su relevancia para la investigación. En su caso, la denegación de la prórroga también se acordará mediante resolución motivada.

2. Las diligencias de investigación acordadas con anterioridad al transcurso del plazo o de sus prórrogas serán válidas, aunque se reciban tras la expiración del mismo.

3. Si, antes de la finalización del plazo o de alguna de sus prórrogas, el instructor no hubiere dictado la resolución a la que hace referencia el apartado 1, o bien esta fuera revocada por vía de recurso, no serán válidas las diligencias acordadas a partir de dicha fecha.

4. El juez concluirá la instrucción cuando entienda que ha cumplido su finalidad. Transcurrido el plazo máximo o sus prórrogas, el instructor dictará auto de conclusión del sumario o, en el procedimiento abreviado, la resolución que proceda.»

77 El TS en esta sentencia confirmó la absolución del expresidente de Murcia de los delitos de prevaricación, falsedad y fraude en la contratación por los que había sido acusado. La Sala 2ª TS rechaza los recursos presentados por el Ministerio Fiscal y la acusación popular contra la sentencia del TSJ de Murcia que confirmó la sentencia absolutoria de la Audiencia Provincial.

El tribunal en su sentencia explica que el legislador ha querido fijar un plazo y enmarcar en él el trámite instructor condicionando la validez de las diligencias practicadas a que se lleven a efecto en ese plazo, y siendo inválidas las ejecutadas fuera de él, salvo las denominadas diligencias rezagadas del anterior art. 324.7 (actual art. 324.2 LECRIM).

Las consecuencias procesales de la práctica de diligencias fuera del plazo fijado *ex lege* es que «no serán válidas». La sentencia indica que el plazo fijado no es de carácter «voluntarista», o subsanable. Es de obligado cumplimiento.

ción de una denuncia o, especialmente, de una querella, deben propiciar el inicio de las actuaciones investigadoras, siempre que aquéllas sean admitidas a trámite.

Es cierto que ni la denuncia ni la querella son, por si mismas, desencadenantes automáticos del proceso penal, puesto que ambas están sometidas a un enjuiciamiento, provisionalísimo si se quiere (arts. 269 y 313 LECRIM, respectivamente) del juez instructor, quién decidirá si los hechos revisten naturaleza delictiva y, por lo tanto, si deben comenzar las actuaciones de investigación[78]. Ahora bien, tanto la denuncia como la querella son medios –en muchos casos, imprescindibles– para el desencadenamiento de la actuación judicial, es decir, medios de iniciación del proceso penal y, sobre todo en el caso de la querella, es evidente el poder que el accionante ejerce en relación con la puesta en marcha de la actividad jurisdiccional hasta ese momento inexistente. Ese poder deriva precisamente del derecho subjetivo a constituirse en parte activa del proce-

78 ATS (2ª) de 15 de febrero de 2021 (*Causa especial* 21092/2018): «[…] Cuando, a pesar de la posible apariencia delictiva inicial de los hechos que se imputan en la querella, no se ofrezca en ésta ningún elemento o principio de prueba que avale razonablemente su realidad, limitándose el querellante a afirmar su existencia, sin ningún apoyo objetivo atinente a los propios hechos. En este segundo supuesto, una interpretación de la norma que no desconozca el sentido común conduce a sostener que no se justifica la apertura de un proceso penal para la investigación de unos hechos meramente sospechosos, por si los mismos pudiesen ser constitutivos de delito, es decir, una investigación prospectiva, sin aportar un indicio objetivo de su realidad de conocimiento propio del querellante. De lo contrario, cualquier ciudadano podría verse sometido a una investigación basada en la mera apariencia. La presentación de una querella, por tanto, no conduce de manera forzosa e ineludible a la incoación de un procedimiento penal, sino que es preciso realizar una inicial valoración jurídica de la misma, de conformidad con las consideraciones expuestas, que puede conducir a su inadmisión a trámite. Y tal inadmisión no vulnera la tutela judicial efectiva del querellante en su vertiente de acceso a la jurisdicción, dado que es doctrina constitucional reiterada la que señala que el ejercicio de la acción penal no comporta un derecho incondicionado a la apertura y plena sustanciación del proceso, sino solamente a un pronunciamiento motivado del Juez sobre la calificación jurídica que le merecen los hechos, expresando, en su caso, las razones por las que inadmite su tramitación (STC núm. 31/1996, de 27 de febrero, que se hace eco de las SSTC núm. 111/1995, de 4 de julio; 157/1990, de 18 de octubre; 148/1987, de 28 de septiembre; y 108/1983, de 29 de noviembre)».

so y a que éste se mantenga vivo mientras que el órgano jurisdiccional competente no tenga razones fundadas para decidir que el proceso deba finalizar, definitiva o provisionalmente[79].

Sin embargo, el principal problema que plantea la *invención* del TS, «contra legem»[80], de la competencia *vicaria* de los juzgados de instrucción ordinarios, en tanto que no esté perfectamente (perdón, «indiciariamente», según dice la Sala II del TS) probada la participación individual del aforado en un determinado hecho delictivo, tiene su raíz, como ya hemos dicho, en una premisa radicalmente falsa, esto es: la supuesta falta de previsión legal del momento preciso en el que el TS debe hecerse cargo de la instrucción de la causa. En efecto, porque en estos casos sólo pueden darse dos supuestos básicos: 1) primero, que la denuncia o la querella se interpongan directamente ante el TS, es decir, que la *notitia criminis* le llegue directamente al tribunal del aforamiento; 2) que la *notitia criminis* le llegue al TS porque aparecen indicios de responsabilidad penal de un aforado a lo largo de la tramitación de una instrucción que, de forma independiente, estaba realizando un juzgado de instrucción.

En el primer caso, la aplicación conjunta de los arts. 24. 2 CE, y los arts. 71 CE, art. 57 LOPJ, art. 1 Ley 1912 y art. 303, V LECRIM hacen de la Sala 2ª el inmediato y único tribunal con competencia funcional para instruir la causa penal[81], salvo que pueda inadmitir a trámite la querella

---

79 Vid. CHOZAS ALONSO, J.M., «La interrupción de la prescripción de los delitos y faltas: el particular «labyrinthus» del Tribunal Constitucional y el nuevo art. 132.2 del Código Penal», en *Repercusiones sobre el Proceso Penal de la Ley Orgánica 5/2010, de Reforma del Código Penal (Coord. Gascón Inchausti, F.)*, Aranzadi, 2010, pg. 234.

80 Como señala el Prof. CUBILLO LÓPEZ, I., «La determinación del órgano competente en el orden penal: algunos problemas pendientes», en *Los Sujetos Protagonistas del Proceso Penal* (Coord. CHOZAS ALONSO), *cit.*, pg. 149: «hasta el punto de que nuestros tribunales superiores, en una práctica que choca con el citado art. 303 V LECrim, "devuelven" la causa al inferior si éste no ha avanzado en la investigación hasta lograr elementos que permitan individualizar la imputación contra la persona que ostenta el fuero. Como señala el ATSJ Andalucía de 14 de abril de 2010 (JUR 2011\111365)».

81 Como sabemos, el art. 303 V LECRIM ordena lo siguiente: «*Cuando el delito fuese, por su naturaleza, de aquellos que solamente pueden cometerse por Autoridades*

por alguno de los motivos establecidos en el artº. 313 LECRIM, es decir, cuando los hechos en que se funden «no constituyan delito, o cuando no se considere competente para instruir el sumario objeto de la misma». Si no se da ninguno de estos supuestos, la LECRIM le obliga al tribunal instructor a admitirla a trámite, y le manda practicar las diligencias que en ella se propusieren, salvo las que considere contrarias a las leyes o innecesarias o perjudiciales para el objeto de la querella, las cuales denegará en resolución motivada (artº 312 LECRIM), puesto que el art. 3 Ley de 1912 le ordena al TS proceder en estos casos de aforados sin ningún tipo de especialidad procedimental, sino de «conformidad a lo prevenido en la LECRIM»[82].

Y en el caso de que la *notitia criminis* haya aparecido durante la investigación de un juzgado de instrucción, la norma aplicable no deja lugar a dudas: en cuanto apareciesen los primeros indicios de responsabilidad contra algún Senador o Diputado, «tan pronto como fueren

---

o funcionarios sujetos a un fuero superior, los Jueces de instrucción ordinarios, en casos urgentes, podrán acordar las medidas de precaución necesarias para evitar su ocultación; pero remitirán las diligencias en el término más breve posible, que en ningún caso podrá exceder de tres días, al Tribunal competente, el cual resolverá sobre la incoación del sumario, y en su día sobre si ha o no lugar al procesamiento de la Autoridad o funcionario inculpados».

82 Resulta muy significativo que coincidamos con la opinión, sobre esta cuestión, de DEL MORAL GARCÍA, A., a la sazón también magistrado del TS: «Pienso idealmente que, desde el momento en que exista una imputación a un aforado que no haya sido rechazada frontalmente por los motivos previstos en el art. 269 LECrim (no ser los hechos constitutivos de delito o resultar manifiestamente falsos), el fuero deberá operar, sin perjuicio de que, en caso de un eventual archivo o sobreseimiento respecto del aforado, las actuaciones sean devueltas al juez o tribunal ordinarios. El art. 272.2º LECrim abona esta interpretación: la imputación a un aforado mediante querella determina la aplicación del fuero, entre otros argumentos, dado que otras interpretaciones conducirían a la conclusión de que la interrupción de la prescripción no opera frente al aforado hasta que el órgano competente asuma la causa: nótese la similitud entre el art. 309 LECrim y el art. 132.2 CP. Pero como se ha anticipado, muy distinta viene siendo la tónica que en este punto está marcando la jurisprudencia y que acabó contagiando también al legislador (art. 118 bis LECrim introducido en virtud de la Ley Orgánica 7/2002, de 5 de julio)» (DEL MORAL GARCÍA, A., «Repensando los aforamientos», en *Teoría y Derecho. Revista de pensamiento Jurídico*, Tirant lo Blanch, *cit.*, pg. 152).

practicada las medidas necesarias para evitar la ocultación del delito o la fuga del delincuente, se remitirán las diligencias en el plazo más breve posible al Tribunal Supremo». Es decir, en un ejercicio de correcta hermenéutica, atendiendo a la literalidad de las palabras, pero, sobre todo, a la finalidad de la norma, *la causa frente a un aforado debe remitirse, cuanto antes, al tribunal exclusivamente competente para investigar y, en su caso, enjuiciar el asunto, que no es otro que el TS.*

Todos somos conscientes de que el Tribunal Supremo es un tribunal diseñado fundamentalmente para revisar las decisiones de los tribunales inferiores, y no para investigar hechos delictivos. Es innegable, como acertadamente se ha dicho por algún jurista desde una «tribuna» periodística, que el TS «*no es una estructura engrasada para la práctica cotidiana de investigación y enjuiciamiento como están, por ejemplo, los juzgados ordinarios, Y menos si los casos son complejos como suelen ser los de corrupción*»[83]. Es cierto que este diseño no es muy operativo, pero, aunque pudiera no gustarnos, es el establecido por la ley, y el TS debiera tomarse mucho más en serio el derecho al juez predeterminado por la ley cuando es el propio Alto Tribunal, hoy por hoy, el tribunal predeterminado, porque así lo exige, nada más y nada menos, la propia CE (arts. 24.2 y 71.2 CE). El TS (*rectius*, su Sala 2ª) es el único órgano competente, en régimen de monopolio, desde que se comete el hecho delictivo, para «instruir y fallar» todas las causas de Diputados y Senadores en las que éstos aparezcan como imputados de un hecho delictivo.

Así pues, entendemos que una correcta interpretación de la legislación vigente significa que, de la forma más ágil y sencilla posible, si un juez de instrucción de cualquier circunscripción, en el curso de su investigación, se topa con la posible participación de un parlamentario nacional en uno o varios delitos, ha de suspender inmediatamente su investigación (a lo sumo practicará las medidas necesarias para evitar la ocultación del delito o la fuga del delincuente), y ha de remitir las diligencias inmediatamente al TS. El Tribunal Supremo, salvo que los hechos no revistan carácter delictivo, o la persona imputada no estuvie-

83 VIADA BARDAJÍ, S., *Diario El Mundo*, Tribuna *cit.*, pg. 21.

ra aforada, asumirá la instrucción del caso y elevará el correspondiente suplicatorio para proceder contra la persona investigada.

No es el sistema que más nos gusta de todos los posibles, como parece que les sucede a los propios magistrados del TS, sobre todo para perseguir a los reos por delitos de corrupción, pero es el sistema previsto por la CE y la legislación procesal aplicable.

Lamentablemente, como venimos diciendo, muy distinta está siendo la apreciación que realiza nuestro Alto Tribunal sobre los estándares de imputación para sus aforados, si los comparamos con el resto de los justiciables. Como con gran agudeza nos dice el GASCÓN INCHAUSTI, el verdadero «*punctum dolens*» de los aforamientos en España es el distinto rasero que se emplea en la imputación formal de las personas aforadas: «En el momento actual, lo que sucede –y puede merecer críticas– es que el estándar para la admisión a trámite de una querella frente a un aforado en la práctica es más exigente, si se compara con lo que sucede de ordinario»[84].

3.2. La ininteligible «doctrina jurisprudencial» de que los aforamientos escapen a los delitos leves

Otro criterio jurisprudencial muy discutible –que no afecta a la predeterminación del juez, pero sí al tipo de procedimiento–, que ha venido manteniendo el TS, a nuestro juicio «*contra legem*», mientras que en nuestro ordenamiento existieron los juicios de faltas, ahora extensible a los enjuiciamientos por «delitos leves», sustitutos de muchas

84 GASCÓN INCHAUSTI, F., «Los procesos especiales en el Anteproyecto de LECRIM de 2020. Particular consideración del proceso por delitos breves», *en Reflexiones en torno al Anteproyecto de la Ley de Enjuiciamiento Criminal de 2020* (Dir. JIMÉNEZ CONDE, F. y FUENTES SORIANO, O.), Valencia, Tirant lo Blanch, pg. 1410. En sentido crítico con la postura del TS y del TC en esta materia también se muestra MARTÍNEZ SOSPEDRA, M., *Privilegio discutido. La inmunidad parlamentaria en el Derecho español*, Cit., pág. 369: «Resulta obvio que la anterior no es la única interpretación (…), que muy probablemente no es la más ajustada a la ley, e incluso podría argumentarse que no es la más prudente de las opciones hermenéuticas (…)».

de aquéllas, consistió en entender, aplicando una interpretación restrictiva de la literalidad de la ley, que los aforamientos sólo afectaban a las causas por delitos (graves o muy graves), pero no a los juicios por infracciones «leves» (actuales juicios por delitos leves y antiguos juicios de faltas)[85].

En este sentido, podemos transcribir, por todas, la siguiente resolución del TS, que realiza una interpretación «literal» de preceptos como el art. 71.3 CE, el 57.1.2º LOPJ, y el 750 LECRIM (referidos a «causas *contra*» y a «*causas por delito*»), por lo que el TS considera que no puede existir aforamiento ante el Alto Tribunal en los enjuiciamiento por infracciones «leves»:

> «*Fto. Jco. Segundo*.- [...] La reiterada referencia a "causas" y a «causa por delito», así como los términos inculpar o procesar (v. art. 71.2 C.E . «....no podrán ser inculpados ni procesados....»), (v. art. 2 Ley 9/2/1912 sobre competencia para conocer de las causas contra Senadores y Diputados «si incoado un sumario...aparecieran indicios contra algún diputado o Senador... hallándose procesados, fuese elegido Diputado o Senador....») ha sido entendida por esta Sala en un sentido claramente restrictivo, de suerte que la competencia para el enjuiciamiento de hechos atribuidos a Diputados debe entenderse referida a los que revistan los caracteres de delito y no a aquellos otros que no revistiendo los caracteres de delito puedan revestir los de falta, de igual manera que los términos procesado o inculpado que se utilizan en los textos citados son conceptos procesales atinentes a los procedimientos por delito. Esta ha sido la constante doctrina de esta Sala Segunda y en tal sentido se pueden citar como precedentes los autos de 13/3/92 , 7/5/93, 20/12/94, 5/6/95, 25/4/01 , 20/11/03 y más recientemente los de 7/10/04, Causa Especial 92/2004 y Causa Especial 94/2005 de 25/10/2005, entre otros» [ATS (2ª) de 23 de septiembre de 2010; Rec. Cas. núm. 20278/2009].

Ni que decir tiene que esta interpretación literal de los preceptos anteriormente mencionados estaba desprovista de razón, ni se compadecía con los fines que persigue la figura procesal del aforamiento. Olvidaba el

85 La desaparición de las «faltas» como tipos penales se operó por la LO 1/2015, de 30 de marzo, *por la que se modifica el Código Penal*.

TS que, junto al mero argumento «gramatical», existen otros criterios más importantes para interpretar las normas jurídicas, tal y como prevé el artículo 3.1 CC –como el sistemático y el teleológico– para desentrañar la esencia de la misma, es decir, su «por qué y para qué», y la conclusión no puede ser otra que en nuestro ordenamiento no existe, con carácter general, una diferencia cualitativa entre delitos graves, menos graves o leves (antiguas faltas), por lo que tampoco esa diferencia, meramente formal, no prevista en la ley, no debiera servir para discriminar la existencia o no de un aforamiento. Como muy bien se señala en la Exposición de Motivos de la LO 1/2015, de 30 de marzo, *por la que se modifica el Código Penal,* las diferencias entre delitos y faltas (ahora, delitos leves) «son puramente formales, por el carácter que la ley otorga a una u otra infracción, o cuantitativas en atención al tipo de pena que se les impone. La tipificación de determinadas conductas como faltas penales obedece a simples razones de política criminal, que en el momento actual carecen de suficiente justificación. Y se aprecia una cierta distorsión en la comparativa con el Derecho administrativo sancionador, que en muchos casos ofrece una respuesta sancionadora más contundente que la prevista en el Código Penal para conductas teóricamente más graves. De ahí que la reforma lleve a cabo una supresión definitiva del catálogo de faltas regulado en el Libro III del Código Penal, tipificando como delito leve aquellas infracciones que se estima necesario mantener».

Así pues, tras la reforma del CP operada por la LO 1/2015, que suprimió las *faltas*, encuadrando muchas de ellas en la nueva categoría de los «*delitos leves*», en buena lógica, este débil argumentario «gramatical» del TS no debiera tener sentido, ya que todas las causas en España lo son por algún tipo de delito. Pese a ello, como señala DEL MORAL GARCÍA, subsiste la postura de la Sala 2ª del TS, basada en el «argumento freudiano (exteriorizado con forma de argumento histórico): el Tribunal Supremo se ha decantado por mantener la excepción; así, los delitos leves escapan al fuero competencial en parangón con las derogadas faltas»[86].

86 DEL MORAL GARCÍA, A., «Repensando los aforamientos», en *Teoría y Derecho. Revista de pensamiento Jurídico*, Tirant lo Blanch, *cit.*, pg. 146.

El mantenimiento de esta «doctrina jurisprudencial» tras la entrada en vigor de la citada reforma del CP se ha plasmado en todas las resoluciones posteriores al año 2015, como lo demuestran, entre otras, los AATS (2ª) de 20 de diciembre de 2017, Rec. Cas. nº 20825/2016 y de 8 de enero de 2018, Rec. Cas. nº 20484/2017. En este último Auto, en su Fto. Jdco. Tercero, se condensa la «perseverancia» del TS en esta materia, quizás por aquello que nos recuerda el romancero castellano de «*defendella y no enmendalla*», aduciendo simplemente que se ha mantenido el procedimiento diseñado originariamente para el juicio de faltas para enjuiciar los delitos leves[87]:

> «TERCERO.- La LO 1/2015, de 30 de marzo por la que se modifica la LO 10/95, de 23 de noviembre del Código Penal, suprime las infracciones constitutivas de falta e introduce algunas conductas de tal consideración entre los delitos, con la denominación de delitos leves. Esa calificación no afecta a la aplicación de la doctrina antes expuesta en el auto de 27/6/13, en tanto que el art. 14.1 LEcrm (al igual que el art. 87.1c) LOPJ establece la competencia de los Juzgados de Instrucción para el conocimiento y fallo por delito leve.
>
> La Ley de Enjuiciamiento Criminal en el art. 962 y siguientes mantienen sustancialmente el mismo procedimiento del anterior juicio de faltas para los delitos leves, tanto en la competencia, derecho y actividad procesal, intervención de las partes, etc. La persona sometida al procedimiento de delitos leves, tampoco recibe la denominación de procesado, imputado, inculpado, ni siquiera la de investigado, sino de denunciado, por lo que los principios establecidos en jurisprudencia,

---

87 De esta interpretación que considera aplicable a los *delitos leves* lo que antes había sostenido el TS para las «faltas», se han «beneficiado» ya varios aforados, como el exsecretario general del Partido Vox, D. Javier Ortega Smith, por un supuesto delito leve de lesiones a un compañero de partido durante un acto en el teatro La Latina de Madrid, o el Diputado del Partido Más País, D. Íñigo Errejón, enjuiciado por un Juzgado de Instrucción de Madrid por un presunto delito leve de maltrato, a raíz de la denuncia presentada por un vecino de Lavapiés que dijo haber recibido una patada del citado dirigente (vid. *https://www.iustel.com/diario_del_derecho/noticia.asp?ref_iustel=1194630; https://www.epe.es/es/politica/20220425/errejon-sera-juzgado-viernes-presunta-13562350).*

antes citada, son de aplicación en el caso que nos ocupa, al aforado D. Manuel al que se le atribuye por haber entrado en la FINCA000 ", junto con otras personas, para recoger las cosechas que habían sembrado las familias que en su día fueron expulsadas y que tras ello posiblemente pernoctarían en la zona, hechos que podrían constituir, un *delito leve de coacciones*, antigua falta, cuya competencia corresponde en este caso al Juzgado de Instrucción núm. 3 de Posadas conforme al art. 14.1 LECrm [...].»

3.3. ¿Por qué los aforamientos son incompatibles con los *juicios rápidos*?

También se escapa a nuestro entendimiento por qué no puede perseguirse un supuesto delito cometido por un aforado ante el TS por los cauces del «juicio rápido», modalidad de proceso penal introducida en nuestro ordenamiento a comienzos del S. XXI.

En efecto, la Ley 38/2002, de 24 de octubre, *de reforma parcial de la Ley de Enjuiciamiento Criminal, sobre procedimiento para el enjuiciamiento rápido e inmediato de determinados delitos y faltas, y de modificación del procedimiento abreviado*, y la Ley Orgánica 8/2002, de igual fecha, *complementaria* de la anterior, introdujeron en el ordenamiento procesal español la, en ese momento, nueva modalidad de los «juicios rápidos». Como es sabido, por «juicio rápido» cabe entender un proceso especial por razón del objeto, aplicable a los delitos flagrantes o con instrucción muy sencilla, especialmente los relacionados con la violencia «de género» y los delitos contra la seguridad del tráfico y de hurto y/o robo de vehículos a motor, en los que su autor sea detenido o esté a disposición de del juez, que el proceso haya comenzado mediante atestado policial y que el tipo delictivo, cualquiera que fuera, no exceda de los cinco años de pena privativa de libertad, o de diez años si se tratara de otro tipo de pena (artº 795 LECRIM).

Es cierto que, *de facto*, es difícil compaginar la agilidad de este tipo de procedimientos con la restricción a las detenciones de estos aforados (Diputados y Senadores, art. 71.2 CE) y sobre, todo, con el premioso procedimiento de concesión del suplicatorio a la cámara legislativa correspondiente.

Sin embargo, en buena técnica jurídica, y puesto que las excepciones debieran ser interpretadas restrictivamente (y los aforamientos lo son), ¿por qué no nos podemos plantear, en serio, la posibilidad de que se enjuicien, siempre que sea posible y se cumplan los requisitos objetivos, a los aforados por la modalidad de juicio rápido ante el mismo TS?

No olvidemos que, por una parte, la propia CE prevé la posibilidad de detener a los aforados «en caso de flagrante delito» y, por otra, que nada impediría, por razones de urgencia, que las Cámaras legislativas pudieran actuar con la correlativa celeridad, ya que la instrucción ha debido ser, necesariamente, muy sencilla. No estaría de más, dicho sea de paso, una modificación de los respectivos Reglamentos de las Cámaras que previeran esta posibilidad de obtener un «suplicatorio *express*» para los enjuiciamientos rápidos ante el TS.

Como última reflexión sobre este tema, según nos recuerda algún autor, el lector debe saber que el TS no ha tenido inconveniente en aplicar la «conformidad privilegiada» del artº 801.2 LECRIM, propia de los enjuiciamientos rápidos, a Diputados y Senadores[88]. Así, por ejemplo, a un Diputado, en la Causa especial 3/20794/2012, se le admitió, en trámite de Diligencias Previas (procedimiento abreviado) transformadas en diligencias urgentes (juicio rápido), por el delito de conducción bajo la influencia de bebidas alcohólicas del artº. 379.2 CP, obtener una pena conformada con la correspondiente reducción de un tercio de la misma (*ex* art. 801.2 LECRIM)[89]. A lo que podríamos añadir que, en otra oca-

---

88 DEL MORAL GARCÍA, A., «Repensando los aforamientos», en *Teoría y Derecho. Revista de pensamiento Jurídico*, cit., pg. 147.

89 STS (2ª) nº 1/2013, de 17 de junio de 2013 (Causa especial nº 3/20794/2012). Los hechos fueron los siguientes: el Diputado «circulaba por la Avenida Levante de Valencia, conduciendo el vehículo de su propiedad Turismo Ford Mondeo, matricula ....-FRJ cuando fue advertido por la Policía Local de Valencia, que había recibido aviso de su Central de Transmisiones (092), realizando maniobras en Zigzag, así como cambiándose continuamente de carril sin ningún tipo de señalización, requerido el conductor y una vez descendió del vehículo, observaron que éste presentaba síntomas de encontrarse

sión, con el subterfugio de renunciar al aforamiento, cuando le ha convenido al aforado (en este caso, un exmagistrado del TC), ha sido enjuiciado por los cauces del juicio rápido, «escapando» de la competencia objetiva del TS y obteniendo una pena conformada, muy leve para los hechos enjuiciados, gracias a la doctrina establecida por el propio TS, y que hemos estudiado en apartados anteriores[90].

3.4. Los aforamientos y el tribunal del Jurado

En una sociedad avanzada cabría entender que un Diputado o Senador también pudieran ser enjuiciados por un Tribunal del Jurado, cuando hubieran cometido alguno de los delitos atribuidos a dicho órgano jurisdiccional; sin embargo, desde muy temprano, nada más promulgarse la *Ley Orgánica del Tribunal del Jurado* (LOTJ) en el año 1995, siguiendo la «doctrina» de la Fiscalía General del Estado, el TS excluyó que el Jurado se aplicara a sus aforados[91]. De hecho, desde la entrada en

---

bajo los efectos de bebidas alcohólicas, por lo que se le requirió para que se sometiera a la prueba de alcoholemia por espiración de aire, la que efectuada por dos veces consecutivas con aparato marca Drager 6510 modelo MK-III cuya última verificación se realizó en fecha 19/9/12 arrojó un resultado de 0.82 y 0.84 miligramos de alcohol por litro espirado de aire». El TS consideró que «se trata de un supuesto típico, y que, aparte de este dato no presenta ningún rasgo de especial gravedad, debe imponerse, tanto la pena de multa como la de privación del permiso de conducir en el mínimo legal; y en el caso de la primera con una cuota diaria de 6 euros, ahora bien de conformidad con el art. 801.2 LECrm. procede la imposición de la pena solicitada de conformidad, pero rebajada en un tercio, esto es cuatro meses de multa y privación de ocho meses del derecho a conducir vehículos a motor y ciclomotores». Un caso muy similar, fue resuelto de manera idéntica, por STS (2ª) nº 2/2011, de 1 de diciembre (Causa especial nº 3/ 20579/2010).

90 https://elpais.com/politica/2014/06/17/actualidad/1403020263_268483.html

91 Acuerdo de Pleno (Sala 2ª) no jurisdiccional de 27 de noviembre de 1998. Este Acuerdo, al que no hemos podido acceder a su contenido exacto, es mencionado en el Informe del Pleno del CGPJ, sobre el al Anteproyecto de Ley Orgánica de reforma de la LOPJ, aprobado en sesiones de 26 y 27 de junio de 2014, pg. 166.

(https://www.poderjudicial.es/cgpj/es/Poder-Judicial/Consejo-General-del-Poder-Judicial/Actividad-del-CGPJ/Informes/Informe-al-Anteproyecto-de-Ley-Organica-del-Poder-Judicial)

vigor de la LOPJ hasta el día de hoy, no se ha constituido nunca el Tribunal del Jurado en el seno de la Sala 2ª del TS, tal y como, aparentemente, parecen permitir los artículos 1.3 y 2. 1. II LOTJ («en el ámbito de los *Tribunales que correspondan por razón del aforamiento*», «si, por razón del aforamiento del acusado, el juicio del Jurado debe celebrarse en el ámbito del Tribunal Supremo o de un Tribunal Superior de Justicia, el Magistrado-Presidente del Tribunal del Jurado será *un Magistrado de la Sala de lo Penal del Tribunal Supremo* o de la Sala de lo Civil y Penal del Tribunal Superior de Justicia, respectivamente»).

En efecto, desde el mismo momento de la entrada en vigor de la LOTJ, la Fiscalía General del Estado, a través de la Circular nº 3/1995, de 27 de diciembre, *sobre el ámbito de aplicación del proceso ante el Tribunal del Jurado,* se apresuró a dejar muy claro su parecer de que, al menos los aforamientos constitucionales en el TS (*ex* arts. 71.1 y 102.1 CE, es decir, Parlamentarios y Presidente y Miembros del Gobierno de la nación): no pueden ser sometidos al proceso ante un Jurado, sino solo ante la Sala II del TS, por los cauces del juicio ordinario o del procedimiento abreviado:

> «V. AFORAMIENTOS
>
> La regla según la cual el juicio por jurado se desarrolla en el ámbito de la Audiencia Provincial tiene su excepción en caso de enjuiciamiento de personas aforadas. En tal supuesto, el juicio se celebrará arts. 1.3 y 2.2 en el ámbito de los Tribunales que correspondan por razón del aforamiento [...].
>
> Los arts. 57 y 73 de la Ley Orgánica del Poder Judicial no han sido modificados a raíz de la entrada en vigor de la Ley Orgánica 5/1995. Surge así una aparente discordancia entre estos preceptos con los arts. 1.3 y 2.1.2 de la Ley, que prevén el juicio por jurado en el Tribunal correspondiente al aforado. Ante la comisión por persona aforada de un delito del art. 1.2 de la Ley cabe cuestionarse si el enjuiciamiento por Jurado respeta la especialidad que el aforamiento supone y, en definitiva, el derecho al juez ordinario predeterminado por la Ley. Es cierto que el juicio por jurado, tratándose de aforado, se llevará a cabo con un Magistrado Presidente miembro del Tribunal Superior de Justicia o del Tribunal Supremo y por ello distinto del que presidiría el Jurado en

otro caso (un Magistrado de la Audiencia Provincial). Pero también es cierto que la decisión la emisión de veredicto se atribuye a nueve personas que pudieran ser las mismas en uno u otro caso.

Pese a lo expuesto, debe entenderse que el derecho al juez ordinario predeterminado por la Ley no se conculca en estos supuestos. Los arts. 57 y 73 de la Ley Orgánica del Poder Judicial se ven ahora completados por otros preceptos de igual rango los arts. 1 y 2 de la Ley Orgánica del Tribunal del Jurado que han venido, sin necesidad de reformar la literalidad de aquéllos, a modificar su contenido en tanto que respecto de hechos acaecidos tras la entrada en vigor de la Ley Orgánica 5/1995, cometidos por aforados, e incluidos en el listado de su art. 1.2, ya no es juez ordinario determinado por la Ley la Sala 2 del Tribunal Supremo o la Sala de lo Civil y Penal del correspondiente Tribunal Superior de Justicia, sino que lo es el Tribunal del Jurado integrado por nueve jurados y un Magistrado Presidente miembro de tales órganos jurisdiccionales (art. 2.1). Como los arts. 1 y 2 de la Ley 5/1995 tienen carácter de Ley Orgánica no existe problema alguno en el hecho de que afecten al derecho fundamental al juez ordinario predeterminado por la Ley.

Ahora bien, estas apreciaciones no pueden trasladarse a los aforamientos establecidos directamente por la Constitución. Sus arts. 102.1 y 71.3 establecen, respectivamente, que la responsabilidad criminal del Presidente y los demás miembros del Gobierno y la de los Diputados y Senadores será exigible ante la «Sala de lo Penal del Tribunal Supremo». Tales normas, dado su rango constitucional, no pueden verse modificadas por los arts. 1 y 2 de la Ley Orgánica del Tribunal del Jurado. En consecuencia, partiendo, según se razonó antes, de que la Sala de lo Penal del Tribunal Supremo es diferente a un Tribunal compuesto por nueve jurados y un Magistrado del Tribunal Supremo que lo presidirá, debe concluirse en una interpretación favorable a la constitucionalidad de los arts. 1.3 y 2.1 de la Ley Orgánica del Tribunal del Jurado que cuando el aforado sea el Presidente o un miembro del Gobierno, un Diputado o un Senador, no podrá ser enjuiciada su conducta a través del Tribunal del Jurado en ningún supuesto. El juicio deberá tramitarse por procedimiento sumario o abreviado atribuyendo el enjuiciamiento a la

Sala Segunda del Tribunal Supremo sin intervención del Tribunal del Jurado[92].»

Pues bien, sobre la base de ese criterio incipiente de la Fiscalía, la Sala 2ª TS excluyó la aplicación del Jurado no sólo a los aforados «constitucionales», sino a todos los otros aforados ante el Alto Tribunal, los previstos en el artº 57.1 LOPJ ([...] Presidentes del Congreso y del Senado, Presidente del Tribunal Supremo y del Consejo General del Poder Judicial, Presidente del Tribunal Constitucional, miembros del Gobierno, Diputados y Senadores, Vocales del Consejo General del Poder Judicial, Magistrados del Tribunal Constitucional y del Tribunal Supremo, Presidente de la Audiencia Nacional y de cualquiera de sus Salas y de los Tribunales Superiores de Justicia, Fiscal General del Estado, Fiscales de Sala del Tribunal Supremo, Fiscal Europeo, Presidente y Consejeros del Tribunal de Cuentas, Presidente y Consejeros del Consejo de Estado y Defensor del Pueblo, así como de las causas que, en su caso, determinen los Estatutos de Autonomía)[93].

Es de justicia reconocer que esta argumentación, primero plasmada en la Circular FGE 3/1995 y, luego asumida por el TS, respecto a los Diputados y Senadores (y los otros aforados constitucionales) es constitucionalmente defendible, por aquello de que quiere protegerse la «independencia institucional» de los *aforados* con la actuación de la cúspide de la Jurisdicción española, la Sala 2ª del TS, en una interpreta-

92 La *cursiva* es nuestra.

93 En este sentido nos ilustra DEL MORAL GARCÍA, A, «Repensando los aforamientos», en *Teoría y Derecho. Revista de pensamiento Jurídico*, cit., pg. 146: «Para *sus* aforados, el Tribunal Supremo pronto excluyó el Jurado. El enjuiciamiento en el Tribunal Supremo no es compatible con un proceso por Jurado. El argumento, basado en la dicción de los arts. 71 y 102 CE (Circular 3/1995 de la Fiscalía General del Estado), valdría solo para los fueros constitucionales. Pero *de facto* se extiende a todos. El ATS de 9 de febrero de 1999, plasmando la decisión previamente adoptada por la Junta General de la citada Sala de conformidad con el art. 264 LOPJ en su reunión de 27 de noviembre de 1998, estableció ese criterio con el mismo argumento: el art. 57 LOPJ no ha sido modificado por la LOTJ y la Sala Segunda del Tribunal Supremo no puede equipararse a un órgano jurisdiccional *ad hoc* compuesto por los nueve jurados que han de emitir el veredicto, aunque sean presididos por un magistrado de dicha Sala».

ción literal del texto Constitucional (los arts. 102.1 y 71.3 CE establecen, respectivamente, que la responsabilidad criminal de estos aforados será exigible ante la «Sala de lo Penal del Tribunal Supremo»)[94].

---

94 El propio Tribunal Constitucional (1ª) en su sentencia 22/1997, de 11 de febrero, se refiere a los aforamientos de los parlamentarios en los siguientes términos: «*Fto. Jdco. 6º: A partir de estas premisas que han informado, desde su inicio, los distintos pronunciamientos de este Tribunal sobre el art. 71 C.E., debe configurarse también la prerrogativa de aforamiento especial que, teleológicamente, y en sede estrictamente procesal, opera como complemento y cierre -aunque con su propia y específica autonomía- de las de la inviolabilidad y la inmunidad, orientadas todas ellas hacia unos mismos objetivos comunes: proteger a los legítimos representantes del pueblo de acciones penales con las que se pretenda coartar su libertad de opinión (inviolabilidad), impedir indebida y fraudulentamente su participación en la formación de la voluntad de la Cámara, poniéndolos al abrigo de querellas insidiosas o políticas que, entre otras hipótesis, confunden, a través de la utilización inadecuada de los procesos judiciales, los planos de la responsabilidad política y la penal, cuya delimitación es uno de los mayores logros del Estado constitucional como forma de organización libre y plural de la vida colectiva (inmunidad) o, finalmente, proteger la independencia del órgano y el ejercicio de las funciones del cargo constitucionalmente relevantes (aforamiento).*

Aflora así, la finalidad cuya salvaguarda se persigue mediante la constitucionalización de la prerrogativa de aforamiento especial de Diputados y Senadores. Proteger la propia independencia y sosiego, tanto del órgano legislativo como del jurisdiccional, frente a potenciales presiones externas o las que pudiese ejercer el propio encausado por razón del cargo político e institucional que desempeña. La prerrogativa de aforamiento actúa, de este modo, como instrumento para la salvaguarda de la independencia institucional tanto de las Cortes Generales como del propio Poder Judicial; o dicho de otro modo, el aforamiento preserva un cierto equilibrio entre los poderes y, al propio tiempo, la resistencia más eficaz frente a la eventual trascendencia de la resolución judicial en la composición del Parlamento. Por ello, no es de extrañar que el constituyente atribuyese expresamente el conocimiento de tales causas a la Sala de lo Penal del Tribunal Supremo, en tanto que órgano jurisdiccional superior de los que integran aquel poder del Estado (art. 123.1 C.E.).

Desde esta perspectiva, la Sala Segunda del Tribunal Supremo es, respecto de las acciones penales dirigidas contra Diputados y Senadores, "el Juez ordinario predeterminado por la Ley" a que se refiere el art. 24.2 C.E., esto es, aquél constituido con arreglo a las normas procesales de competencia preestablecidas, en este caso, por la Constitución misma en su art. 71.3. Predeterminación constitucional del órgano jurisdiccional competente que comporta el seguimiento de una distinta tramitación procesal de las causas contra Diputados y Senadores, que no se configura con ventajas especiales, ya que en este proceso es viable, excepcionalmente, la inexistencia de "un segundo grado jurisdiccional" (STC 51/1985, fundamento jurídico 3º), proceso distinto exigido por ese interés superior del Ordenamien-

En todos estos casos, la instrucción y enjuiciamiento de las causas penales que se dirijan contra los aforados quedarían bajo la exclusiva competencia de la Sala 2ª del TS: un Magistrado de esta Sala instruirá la causa y varios Magistrados de dicho órgano –distintos del instructor– formarán Sala para dictar sentencia[95].

Pero hubiese sido admisible otra interpretación jurisprudencial; esto es, una interpretación sistemática y teleológica que quisiera cohonestar lo preceptuado en la CE de 1978 con la puesta en marcha del Tribunal del Jurado, también previsto en el art. 125 CE. Nada hubiese impedido, en buena teoría, y sin forzarse ninguna costura constitucional, que si un Diputado o Senador cometen un delito de «los del Jurado», ese asunto fuera instruido por un Magistrado de la Sala 2ª del TS y, posteriormente, enjuiciado por un Tribunal del Jurado *ad hoc*, constituido en el seno del TS, presidido por un Magistrado-Presidente extraído de la Sala 2ª[96]. En este sentido reflexiona el propio CGPJ en un Informe que emitió el Pleno, con motivo del Anteproyecto de Ley Orgánica de re-

---

to que es la independencia y el prestigio de las instituciones, imprescindible en el funcionamiento de todo Estado democrático».

95 Vid. CUBILLO LÓPEZ, I. «La determinación del órgano competente en el orden penal: algunos problemas pendientes», en *Los sujetos protagonistas del proceso penal*, cit., págs. 141 y ss.

96 Como señaló uno de los primeros comentaristas del articulado de la Ley Orgánica del Tribunal del Jurado, el profesor LÓPEZ SIMÓ, «...para resolver el problema que se plantea con el enjuiciamiento de algunos aforados (Presidente y demás miembros del Gobierno, Diputados y Senadores), que de acuerdo con la Constitución es competencia de la Sala de lo Penal del TS (arts. 71.3 y 102.1 CE) y no del Tribunal del Jurado, *bastaría con entender que lo que establecen estos preceptos constitucionales se integra ahora, tratándose de uno de los delitos del artº. 1.2 de la LOTJ, con la intervención del Jurado en el ámbito del TS. Esta interpretación [...] permitiría, pues, salvar esa inconstitucionalidad a la que alude la Circular FGE, y de paso no llevar la notable especialidad (privilegio procesal) que los aforamientos suponen hasta extremos difícilmente justificables, sospechosos: ¿acaso se teme que un Jurado pueda ser demasiado severo a la hora de enjuiciar a un Diputado o Senador, o a un miembro del Gobierno... ?»* (la *cursiva* es nuestra). Vid. LÓPEZ SIMÓ, F. «Comentario al artº 1. Competencia del Tribunal del Jurado», en Comentarios a la Ley del Jurado (VV.AA., Coord. DE LA OLIVA SANTOS, A.), Madrid, Edit. C.E.R.A., 1999, pg. 89.

forma de la LOPJ en el año 2014: «La determinación de la competencia en el caso de que el delito imputado al aforado venga atribuida al tribunal del jurado constituye un tema de una importante dificultad jurídica, *pues mientras que los artículos 1.3 y 2 de la Ley Orgánica del Tribunal del Jurado no permiten establecer excepciones, de la regulación de la LOPJ (y del Anteproyecto) parece deducirse que, en todo caso, la competencia será del TS o del TSJ*. La doctrina mayoritaria sostiene que el enjuiciamiento sólo puede ser a favor de la Sala II del TS o, en su caso, de la Sala de lo Civil y de lo Penal del TSJ, como así se declaró por el propio TS en el Acuerdo de Pleno no jurisdiccional de 27 de noviembre de 1998 y por la Fiscalía General del Estado en la Circular 3/1995, de 27 de diciembre, sobre el Jurado [...][97]» (la *cursiva* es nuestra).

Por desgracia, no ha sido esa la interpretación de la jurisprudencia, y no parece que tenga visos de cambio. No en vano a los prelegisladores (*rectius*, los potenciales aforados ante el TS) del Borrador del Código Procesal Penal de 2013, cuya tramitación legislativa, afortunadamente, no llegó a culminar, mostraron su clara preferencia en eludir al Tribunal del Jurado: «*Quedan excluidos de la competencia del Tribunal del Jurado los delitos atribuibles a la Audiencia Nacional y los que hayan de ser enjuiciados por la Sala de lo Penal del Tribunal Supremo o por las Salas de lo Civil y Penal de los Tribunales Superiores de Justicia en razón del aforamiento del encausado*» (artº. 32.5 BCPP).

Por supuesto, en otros casos de aforamientos «no constitucionales», los que atribuyen competencia a los Tribunales Superiores de Justicia (ex artº 73.3 LOPJ), en caso de comisión de delito atribuido al Tribunal del Jurado, el enjuiciamiento le corresponde a un Tribunal del Jurado, constituido en el seno del TSJ, si no se quiere vaciar absolutamente de contenido a la alusión «a otros tribunales» del artº. 83.1 LOPJ[98].

---

97 Informe del Pleno del CGPJ, sobre el al Anteproyecto de Ley Orgánica de reforma de la LOPJ, aprobado en sesiones de 26 y 27 de junio de 2014, pg. 166. (https://www.poderjudicial.es/cgpj/es/Poder-Judicial/Consejo-General-del-Poder-Judicial/Actividad-del-CGPJ/Informes/Informe-al-Anteproyecto-de-Ley-Organica-del-Poder-Judicial).

98 Son del mismo parecer CUBILLO LÓPEZ, I. «La determinación del órgano competente en el orden penal: algunos problemas pendientes», en *Los sujetos protago-*

4. EL TRATAMIENTO COMPETENCIAL DE LOS DELITOS *CONEXOS* Y EL DESEO DE UN ENJUICIAMIENTO SEPARADO (SOLUCIONES PARA TODOS LOS GUSTOS)

Como resulta obvio, en el caso de que los presuntos autores de delitos conexos unos sean aforados en el TS y otros no sean aforados, o lo sean en otros tribunales, como los TSJ, pueden surgir problemas respecto a la atribución de competencia a distintos tribunales o, incluso, cabe que el TS sea el tribunal competente para conocer, en una sola causa, todos los delitos reunidos.

A pesar de que todos solemos afirmar que son conexos un delito «ordinario» y un delito cometido por un aforado y que, en tal caso, del proceso conocerá, en su conjunto, el tribunal competente en virtud del aforamiento más importante o del único aforamiento (art. 272 III LECrim), lo cierto es que, desde tiempos muy lejanos, las decisiones del TS no han sido unánimes sobre este punto del enjuiciamiento conjunto o separado de los delitos conexos.

Sin embargo, en esta materia, a pesar de la existencia de muchos matices, se pueden señalar dos claras *tendencias jurisprudenciales* que se han sucedido en una secuencia cronológica perfectamente diferenciada.

Desde la promulgación de la LECRIM hasta el comienzo de la segunda década del Siglo XXI, en las causas sobre hechos en los que han participado personas aforadas y personas no aforadas, la jurisprudencia mayoritaria se inclinaba por que el órgano competente para el aforamiento extendiera su conocimiento también sobre los sujetos no aforados, cuando separar los procesos conllevara *una división de la continencia de la causa*, esto es, que entrañara el riesgo de sentencias contradictorias y/o se dificultase la investigación y el enjuiciamiento de una realidad fáctica compleja que debería acometerse de forma conjunta. Para ello el TS se apoyaba en el art. 272 LECRIM, conforme al cual la

nistas del proceso penal, cit., pág. 143, y DEL MORAL GARCÍA, A, «Repensando los aforamientos», en *Teoría y Derecho. Revista de pensamiento Jurídico*, cit., pg. 146, «in fine».

querella ha de presentarse ante el órgano competente para el aforamiento «*cuando fueren varios los querellados por un mismo delito o por o dos más conexos, y alguno de aquéllos estuviese sometido excepcionalmente a un Tribunal que no fuere el llamado a conocer por regla general del delito*»; así como en el antiguo y ya derogado artº. 300 LECrim, que establecía que: «*Los delitos conexos se comprenderán, sin embargo, en un solo proceso*», y en el antiguo art. 17 LECRIM (hasta su reforma en 2015), que consideraba delitos conexos los cometidos por dos o más personas, reunidas o separadas si hubo concierto entre ellas, cuando estén sometidas a tribunales distintos (nº 1 y 2º).

Como nos recuerda el Profesor CUBILLO LÓPEZ[99], así se declara en el ATS (2ª) de 4 de enero de 2002:

> «Pero no es menos cierto el carácter excepcional de las mencionadas normas que atribuyen competencia al Tribunal Supremo para conocer de causas criminales contra las personas aforadas por razón de los cargos que desempeñan. Y tal carácter excepcional justifica el que esta Sala venga exigiendo, cuando se imputan actuaciones criminales a un grupo de personas y alguna de ellas tiene el carácter de aforado, no sólo que se individualice la conducta concreta que respecto a este aforado pudiera ser constitutiva de delito, sino también que haya algún indicio o principio de prueba que pudiera servir de apoyo a tal imputación como persona concreta (véanse los autos de esta Sala de 26 [RJ 1998, 2421] y 29 de enero de 1998 (RJ 1998, 2531) y 7 de octubre de 1999 entre otros)».

Sin embargo, desde los años posteriores al 2010, sobre todo desde la aparición, o con motivo, del «Caso ERES de Andalucía»[100], los Ma-

---

99 CUBILLO LÓPEZ, I., «Las causas de conexión penal y su aplicación tras la reforma operada por la Ley 41/2015», en Estudios de Deusto. Vol. 65/2, 2017, pg. 39 y ss.

100 Mientras se revisa este trabajo para su publicación, ha visto la luz la primera sentencia firme de la causa principal del «Caso ERES de Andalucía», STS (2ª) nº 3258/2022, de 13 de septiembre de 2022, Rec. Cas. nº 601/2020. Esta sentencia, tras más de una década de procedimiento, con sucesivas «subidas» y «bajadas» de la causa al TS y a la AP de Sevilla, por razón del «aforamiento» y «desaforamiento» de sus principales acusados, finalmente ha sido resuelta en casación. La sentencia del TS ratifica las condenas impuestas a los expresidentes andaluces D. Manuel Chaves (nueve años de inhabilitación por un delito de prevaricación) y José Antonio Griñán (seis años de cárcel por

gistrados comienzan a virar su anterior postura más favorable a la acumulación de enjuiciamientos de personas aforadas y no aforadas en el TS y, a nuestro juicio, por influjo de estos procesos de objeto múltiple, o *macrocausas*, comienzan a subrayar las mayores ventajas que conlleva la depuración de las responsabilidades penales de las personas no aforadas en procedimientos distintos (a los que se comienzan a denominar «piezas separadas»).

Como se ha señalado por algún autor, en esos momentos, se abre paso la nueva idea de que «la *elefantiasis* de los procesos penales constituye una grave enfermedad: la causa se eterniza, ante la constante aparición de más investigados y más hechos que deben ser esclarecidos; la sociedad no comprende la tardanza en la emisión de la respuesta jurídica frente al delito, ni entiende el objetivo perseguido por la justicia [...]; el principio de legalidad se resiente, porque los órganos judiciales se ven en la tesitura de tener que inventar fórmulas imaginativas para gestionar la enorme masa de diligencias a practicar, con decenas de investigados y luego acusados, sus defensas, cientos de testigos y gran número de peritos, una ingente cantidad de documentación de lectura inasumible para un ser humano durante toda su vida[101]».

A partir de esta nueva percepción, la regla se invierte y la determinación de la competencia objetiva ya no se fija cuasi-automáticamente, puesto que siempre que sea posible separar los delitos sin poner en peligro la continencia de la causa, no habría conexión, y por tanto, cada

---

prevaricación y malversación) por permitir, durante cerca de una década, un sistema fraudulento para distribuir ayudas sociolaborales.

101 GONZÁLEZ-CUÉLLAR SERRANO, N. (con MARCHENA GÓMEZ, M.), *La reforma de la Ley de Enjuiciamiento Criminal de 2015*, Madrid, Edit. Castillo de Luna, 2015, pg. 69: «[...] También para los sujetos para las *macrocausas* resultan devastadoras. No sólo por las razones anteriormente expuestas en relación con el retraso en la tramitación, la calidad de las resoluciones y la quiebra de la legalidad, sino también por el estigma que supone encontrarse involucrado en un evento jurídico penal de tal magnitud y tan segura repercusión mediática. Sea cual sea el hecho atribuido al encausado en una *macrocausa*, su calificación jurídica, su gravedad o sus efectos, su nombre quedará asociado siempre a la caprichosa denominación asignada a la operación policial correspondiente (el *malayo*, el *púnico*...).»

tribunal enjuiciará a su aforado, o el no aforado quedará al cuidado del tribunal «ordinario»[102].

Así, en el «Caso ERES de Andalucía», se fijan las bases de la Jurisprudencia actual, sobre la base de dos ideas fundamentales: a) se justifica la separación de procesos en el escrupuloso respeto al Juez ordinario predeterminado por la ley (art. 24.2 CE) de las personas no aforadas; y b) sólo se reunirán los procesos en uno solo, como absoluta excepción, cuando exista una conexión material inescindible entre todos los imputados. Así se establece en el Fto. Tercero, del ATS (Sala 2ª, Secc. 1ª), Causa Especial 20619/2014 (ERES), de 13 de noviembre de 2014:

> «En cuanto a la posibilidad de atraer a la competencia de esta Sala respecto de hechos ejecutados por personas no aforadas ante la misma, de un lado, y sin olvidar la importancia que puede presentar la visión de conjunto, procede señalar la conveniencia de que se respete en la máxima medida posible el derecho al juez ordinario respecto de cada una de las personas a las que se imputan hechos punibles (Autos de 29 de junio de 2006 y 23 de junio de 2009).
>
> De otro lado, y además de lo que tales consideraciones implican, es pertinente recordar lo que ya esta Sala advertía en la STS nº 990/2013, de 30 de diciembre, citada por el Ministerio Fiscal: Aun no siendo esta sentencia el lugar para una exposición del problema que suelen suscitar los denominados macroprocesos, sí debemos al menos una mínima reflexión sobre esa práctica de dudosa pertinencia.
>
> La nada escasa indeterminación del criterio de conexidad establecido en el nº 5 del artículo 17 de la Ley de Enjuiciamiento Criminal no debe impedir la ponderación de intereses contrapuestos en el trance de decidir la acumulación de procesos, con sendos y diferenciados objetos, en un único procedimiento. Más si cabe, cuando las pretendidas ventajas de dicha acumulación son de relevancia muy inferior a la de los perjuicios que conlleva.

102 GÓMEZ COLOMER, J.L., «Privilegios procesales inconstitucionales e innecesarios en la España democrática del Siglo XXI: el sorprendente mantenimiento de la institución del aforamiento», cit., pg. 263.

Por un lado, por la complejidad que redunda en dilaciones de la tramitación. Dilaciones que no se acarrearían en el caso de plurales procedimientos e intervención de pluralidad de órganos jurisdiccionales. Ejemplo de ello es la tantas veces aludida tramitación de la causa desgajada del procedimiento origen de este recurso, al que se vienen refiriendo como caso Metro 3.

La disparatada prolongación de las sesiones de juicio oral, con separaciones en el tiempo de pruebas que versan sobre hechos diversos, en la medida de la flaqueza de la humana memoria, se puede traducir, en un debilitamiento de los la deseables beneficios de la inmediación.

No son desdeñables los perjuicios que implica trasladar a algunos de los sujetos pasivos del procedimiento las consecuencias gravosas inherentes a la dilación, que encuentra su causa en las exigencias temporales de las actuaciones seguidas respecto de otros sujetos, en nada relacionados con los demás intervinientes.

Por otra parte, los supuestos beneficios de la acumulación no parecen siempre de obligada renuncia, en caso de tramitación autónoma del procedimiento. Incluso cuando algunos de los sujetos tengan participación en todos los hechos objeto de cada uno de los procesos acumulados. Ni en cuanto a la prueba, pues siempre será menos onerosa la parcial reiteración de la misma en diversos procedimientos de los concretos aspectos comunes, que subordinar la duración de lo sencillamente enjuiciable a la demora exigida por lo de enjuiciamiento dificultoso. Ni en cuanto a los beneficios penológicos para el reo, a cuyos efectos la Ley de Enjuiciamiento Criminal prevé los mecanismos necesarios (artículo 988).

De ahí que, como ocurre en el presente caso, la complejidad haya sido generada en buena medida por una harto cuestionable decisión de acumulación. A la cual desde luego son ajenos los diversos acusados.

En consecuencia, la extensión de la competencia a hechos cometidos por personas no aforadas ante el Tribunal Supremo solamente será procedente cuando se aprecie una conexión material inescindible con los imputados a las personas aforadas, lo cual puede apreciarse, en algunos casos, desde un primer momento, y, en otros, ser resultado de la investigación, lo que determinará, en este último supuesto, que la Sala adopte las pertinen-

tes resoluciones sobre el particular, a propuesta del instructor» (la *cursiva* es nuestra).

Sensible a esta nueva regla jurisprudencial, el legislador de 2015, en su última gran reforma de la LECRIM (LO 41/2015), con la desaparición del art. 300 LECRIM, parcialmente incorporado al nuevo artº 17 LECRIM, se incrementaron las facultades de valoración del juzgador a la hora de apreciar si resulta necesario o no la acumulación de causas por delitos *conexos*. En efecto, como señala el profesor CUBILLO LÓPEZ, el principal objetivo de la reforma ha sido evitar la aplicación automática de los criterios legales que permiten enjuiciar conjuntamente los delitos conexos: «a partir de esta reforma, para que proceda tal acumulación, no solo será preciso contar con el elemento objetivo de estar ante hechos que revistan la apariencia de delitos conexos, sino que además se requiere un elemento subjetivo o valorativo, con una doble perspectiva: por un lado, se requiere que el órgano judicial aprecie positivamente que la investigación y el enjuiciamiento conjunto de los hechos va a resultar conveniente para su esclarecimiento y para la determinación de las responsabilidades que procedan; y por otro lado, debe valorarse si dicha acumulación procesal no tendrá como consecuencia negativa que el proceso se complique o se ralentice de manera excesiva» [103].

No en vano el nuevo artº 17 LECRIM veda expresamente la conexión cuando la misma suponga una «excesiva complejidad o dilación para el proceso». Por lo tanto, cabe afirmar, con GÓMEZ COLOMER, que la doctrina clásica «ha muerto», y ahora ha aparecido la siguiente doctrina jurisprudencial[104]:

---

103 CUBILLO LÓPEZ, I., «Las causas de conexión penal y su aplicación tras la reforma operada por la Ley 41/2015», cit., pg. 78. Ya la mejor doctrina preconizó hace décadas que debía dejarse a la ponderación del juez en cada caso concreto la decisión de unir o separar las causas sobre delitos conexos, atendiendo a lograr una mayor seguridad jurídica evitando pronunciamientos contradictorios: vid. DE LA OLIVA SANTOS, A., *La conexión en el proceso penal*, Pamplona, Ed. Universidad de Navarra, 1972.

104 GÓMEZ COLOMER, J.L., «Privilegios procesales inconstitucionales e innecesarios en la España democrática del Siglo XXI: el sorprendente mantenimiento de la institución del aforamiento», *cit.*, pg. 265.

«a) La investigación de los aforados puede hacerse separadamente de los no aforados cuando su actuación, su entidad o su autonomía estén claramente diferenciadas entre sí.

b) Sólo cuando exista una conexión material inescindible entre todos los imputados el no romper la continencia de la causa obligará a su enjuiciamiento conjunto ante el Tribunal Supremo (o TSJ).

c) Para prevenir el cumplimiento de esta doctrina, los órganos competentes para los no aforados deberán remitir al Tribunal Supremo cuantos datos resulten de las diligencias que se practiquen que tengan relación con los hechos atribuidos provisionalmente a las personas aforadas ante el Tribunal Supremo».

Esta nueva doctrina jurisprudencial, surgida no de un Acuerdo de Pleno no Jurisdiccional, sino mediante doctrina contenida en Autos y Sentencias de la Sala II en los últimos tiempos, no ha dejado de estar presente en la más importante de todas ellas, como es la STS (2ª) nº 459/2019, de 14 de octubre, *Causa Especial núm.*: 20907/2017 (Causa del «Procés»)[105]:

«*16 (1.2.)* [...] El rígido entendimiento histórico de la conexión ha dejado paso, a raíz de la reforma de 2015, a una desconexión procesal alentada por el legislador siempre que ello contribuya a un enjuiciamiento más ágil y sin dilaciones. La previsible duración de la causa especial que nos ocupa, la continuada presencia de los procesados durante las prolongadas sesiones del juicio oral y, en fin, el obligado desplazamiento de quienes solo van a responder del delito de desobediencia,sugieren a la Sala desgajar esa secuencia fáctica para su enjuiciamiento en Barcelona. Esta decisión no implica, desde luego, cuestionar la inescindibilidad del hecho que, hasta ahora, ha venido siendo apreciada por el Excmo. Sr. Magistrado instructor, por la Sala de Recursos, por el Fiscal y por el resto de las acusaciones. Sucede, sin embargo, que el renovado mandato del art. 17.1 de la LECrim matiza la inescindibilidad del hecho, atribuyéndole ahora un marcado carácter funcional que antepone, frente a una visión causal del enlace apreciable entre los hechos, razones de operatividad ligadas a la previsible complejidad y duración del juicio.

105 Rec. 20907/2017, RJ\2019\3900, Caso del «Procés».

Para llegar a esta conclusión, la Sala toma en consideración elementos aportados por los escritos de calificación que, hasta ahora, no habían podido ser valorados".

Desde esta perspectiva, prescindiendo de una selección interesada de fragmentos de una u otra de las resoluciones dictadas por esta Sala, puede entenderse el tratamiento jurídico diferenciado que ha dispensado esta Sala a hechos no equiparables en el momento de definir la competencia judicial para su enjuiciamiento. Es así como cobra pleno sentido el razonamiento que incluíamos en el auto de 25 de mayo de 2016, causa especial núm. 20249/2016, cuando indicábamos, para justificar la exclusiva asunción de la competencia para el enjuiciamiento del Sr. Mauricio que "... la extensión de la competencia a hechos cometidos por personas no aforadas ante el Tribunal Supremo solamente será procedente cuando se aprecie una conexión material inescindible con los investigados a las personas aforadas, lo que, en el caso de autos, no sucede, dado que la actuación del aforado puede ser investigada con autonomía y sustantividad propia"».

A esta doctrina, amparada, esta vez sí, en la nueva reforma legislativa operada en el año 2015, sobre el artº 17 LECRIM, no se la puede poner ningún pero en cuanto a su *prudencia y realismo*: es satisfactoria la nueva filosofía (más respetuosa con el derecho al juez predeterminado para cada uno de los investigados[106], y que también propicia la posible doble instancia jurisdiccional); sin embargo, hay que decir que su aplicación práctica a los casos concretos no deja en buen lugar al principio de seguridad jurídica (y eso nos intranquiliza): porque si comparamos la actuación del TS en el *Caso Homs* (Caso del «primer Referendum ca-

---

106 Vid. *STS (2ª) 237/2015, de 23 de abril*: «las reglas de conexión procesal están al servicio de un enjuiciamiento más ágil y conveniente, orientado a evitar que hechos de similar naturaleza puedan tener como desenlace pronunciamientos contradictorios. Pero la inobservancia de esas reglas no conlleva, sin más, una vulneración de alcance constitucional. La proclamación del art. 300 de la LECr, conforme al cual, cada delito dará lugar a un único proceso es compatible con la excepción representada por los delitos conexos a que se refiere el art. 17 de la LECr. Pero este último precepto a su vez, vuelve a excepcionar su contenido en el art. 762.6º, que permite desconectar lo que, en principio, aparece como susceptible de conexión».

talán»), con el Caso del «Procés» (tres tribunales diferentes enjuiciando), o con el «Caso Borrás», o el «Caso Alberto Rodríguez», vemos que su actuación no es del todo uniforme.

En efecto, la Sala 2ª del TS, aduciendo prácticamente la misma doctrina jurisprudencial, en el *Caso Homs* y en el del *Diputado Alberto Rodríguez* separa escrupulosamente las causas (en el primer caso las separa en dos, una ante el Tribunal Supremo, para enjuiciar sólo al Sr. Homs –Causa Especial 20249/2016–, su aforado, remitiendo en resto de la causa al TSJ de Cataluña, para que se enjuicie allí a los aforados autonómicos, Sr. Artur Más, y otros; en el segundo hace lo propio, distribuyendo la causa entre el TS (para enjuiciar al Sr. Rodríguez) y el Juzgado de lo Penal de La Laguna, Tenerife, para enjuiciar al resto de los manifestantes investigados, no aforados).

> «*En cuanto a la posibilidad de atraer a la competencia de esta Sala hechos ejecutados por personas no aforadas ante la misma, de un lado, y sin olvidar la importancia que puede presentar la visión de conjunto, procede señalar, como decíamos en el ATS ya citado de 13 de noviembre de 2014 (JUR 2014, 272065)* -causa especial núm. 20619/2014- la conveniencia de que se respete en la máxima medida posible el derecho al juez ordinario respecto de cada una de las personas a las que se imputan hechos punibles.
>
> *En consecuencia, la extensión de la competencia a hechos cometidos por personas no aforadas ante el Tribunal Supremo solamente será procedente cuando se aprecie una conexión material inescindible con los investigados a las personas aforadas, lo que, en el caso de autos, no sucede, dado que la actuación del aforado puede ser investigada con autonomía y sustantividad propia.*
>
> *En consecuencia, haciendo la Sala suyo el criterio del Fiscal, el procedimiento respecto a los demás investigados deberá continuar ante los órganos competentes, sin perjuicio de que remitan a esta Sala cuantos datos resulten de las diligencias que practiquen y que tengan relación con los hechos atribuidos provisionalmente a la persona aforada ante esta Sala*» (ATS (2ª), de 25 de mayo de 2016, *Causa especial* 20249/2016 –*Caso Homs*–).

Sin embargo, esta separación no se produce en el caso de Doña Laura Borràs i Castenier, expresidenta del Parlamento de Cataluña. Esta Diputada autonómica catalana, antes de acceder a este nuevo fuero, era Diputada nacional, y estaba siendo investigada, junto a otro coimputado, por el TS por unos presuntos delitos de malversación, prevaricación, falsedad documental y fraude a la administración, mientras estuvo al frente de la Institució de les Lletres Catalanes (ILC). Pues bien, como se señala en el Auto nº 3961/2021, de 24 de abril de 2021 (*Causa Especial* nº 20954/2019), «acreditada la pérdida de la condición de aforada de *Noemí* (así se denomina a la Sra. Borràs en la base de datos del CENDOJ) sin que se haya procedido a la apertura del juicio oral (STS 22/1991, de 11 de febrero y Acuerdo de Pleno no Jurisdiccional de esta Sala de 2 de diciembre de 2014), ha de entenderse que esta Sala ha perdido la competencia para conocer de los hechos imputados tanto a la persona hasta ahora, como de Juan Alberto, debiendo remitirse testimonio de todo lo actuado al Tribunal Superior de Justicia de Cataluña, concorde con el art. 57.2 del Estatuto L.O. 6/2006, de 19 de julio de reforma del Estatuto de Autonomía de Cataluña[107]».

Pero lo más llamativo lo tenemos en el Caso del «Procés», el cual, tras diversas vicisitudes procesales, se ha «troceado» en tres partes, una principal, la *Causa Especial núm.* 20907/2017, que dio lugar a la STS (2ª) nº 459/2019, de 14 de octubre (que afectó a aforados y no aforados[108]); otra seguida ante la Audiencia Nacional (contra el Mayor de los Mossos d'Esquadra, D. Josep Lluís Trapero y otros acusados no aforados), y un

107 En conclusión, la parte dispositiva del Auto nº 3961/2021, de 24 de abril de 2021 (*Causa Especial* nº 20954/2019), estableció: «1º) Declarar la incompetencia sobrevenida de esta Sala para el conocimiento de la causa; 2º) Remitir testimonio de las actuaciones al Tribunal Superior de Justicia de Cataluña a los efectos que sean procedentes».

108 El TS confirmó su competencia para enjuiciar a los acusados de delitos más graves. Además del Sr. Junqueras, también se sentaron en el banquillo del Alto Tribunal los que fueran presidentes de Asamblea Nacional Catalana (ANC) y Ómnium Cultural, Jordi Sánchez y Jordi Cuicart; la experesidenta del Parlament Carme Forcadell y los exconsejeros Raül Romeva, Jordi Turull, Josep Rull, Joaquin Forn, Dolores Bassa, Meritxell Borrás, Carles Mundó y Santiago Vila.

tercer proceso desgajado del TS y que pasó al TSJ de Cataluña (con aforados y no aforados ante dicho tribunal[109]).

La argumentación de la Sala 2ª del TS giró en torno a razones de operatividad: «el rígido entendimiento histórico de la conexión ha dejado paso, a raíz de la reforma de 2015, a una desconexión procesal», dirigida a lograr a un enjuiciamiento más ágil y sin dilaciones:

> «La previsible duración de la causa especial que nos ocupa, la continuada presencia de los procesados durante las prolongadas sesiones del juicio oral y, en fin, el obligado desplazamiento de quienes sólo van a responder del delito de desobediencia, sugieren a la Sala desgajar esa secuencia fáctica para su enjuiciamiento en Barcelona". Aunque para el TS esta decisión no implica "cuestionar la inescindibilidad del hecho" que, hasta ahora ha venido siendo apreciada por el instructor de la causa, Pablo Llarena, y por el resto de las acusaciones". Sucede, sin embargo, que el renovado mandato del art. 17.1 de la Ley de Enjuiciamiento Criminal (LeCrim) matiza la inescindibilidad del hecho, atribuyéndole ahora un marcado carácter funcional que antepone, frente a una visión causal del enlace apreciable entre los hechos, razones de operatividad ligadas a la previsible complejidad y duración del juicio»[110].

Esta doctrina del TS, que le permite adaptarse al caso concreto, es inobjetable en cuanto a su flexibilidad, y seguramente será bueno que se sigan decidiendo muchas piezas por separado (regla 6ª del artº 762 LECRIM), pero nos faltan muchas respuestas sobre la certeza –seguridad jurídica– acerca del quién, del cómo y del cuándo de la acumulación o la separación[111]. ¿Dónde está la fina línea que distingue entre la conveniencia o la arbitrariedad?

---

109 Los investigados en el Supremo que pasaron a ser enjuiciados por el TSJC son Lluis Corominas, Lluis Guinó, Anna Simó, Ramona Barrufet y Joan Josep Nuet, exmiembros de la Mesa del Parlament, además de la exdiputada de la CUP Mireia Boya. La Fiscalía y la Abogacía del Estado pedían para ellos solo una pena de multa al atribuirles actividad accesoria, reducida a la actividad parlamentaria que impulsó las leyes inconstitucionales pero sin estar, al parecer, dentro del núcleo de decisiones del plan independentista.

110 Vid. también, en similar sentido, ATS (2ª), de 9 de julio de 2018 (Causa Especial nº 20907/2017).

111 CALDERÓN CUADRADO, P., *Tribunales superiores… y justicia, cit.*, pg. 134.

Por su parte, el propio TC, al resolver diversos recursos de amparo interpuestos por distintos encausados en el juicio del «Procés», exhibe una amplia permisividad respecto a la decisión de los tribunales ordinarios (con el TS a la cabeza) de apreciar o no, *ad casum*, la *inescindibilidad* de las causas:

> «5.4.3. *Como ha quedado expuesto, la extensión subjetiva de la competencia a la demandante y a otras personas no aforadas sometidas a investigación fue acordada por auto del magistrado instructor de 24 de noviembre de 2017 (RJ 2017, 4896)* . Aunque carecía en ese momento de la condición de aforada, la investigación y enjuiciamiento por la Sala de lo Penal del Tribunal Supremo de los hechos que se le atribuían estaba explícita y específicamente prevista por las normas de la Ley de enjuiciamiento criminal que establecen el conocimiento conjunto en un solo proceso de los delitos conexos cuya *inescindibilidad sea apreciada (arts. 17.1 y 2* y 272 LECrim).
>
> *5.4.4. Igual suerte desestimatoria ha de correr, por las mismas razones, la vulneración que se asocia al auto de 28 de diciembre de 2018 que desestimó las diversas declinatorias de jurisdicción planteadas. Sus razonamientos son semejantes y abundan en los que ya han sido expuestos. El único elemento diferencial de su análisis radica específicamente en que la competencia de enjuiciamiento fue ratificada en atención al relato fáctico que sustentaba las pretensiones acusatorias provisionales entonces formuladas. De forma razonada, la Sala mantuvo su criterio anterior al constatar que tanto la acusación por delito de rebelión y sedición como el relato fáctico sobre el que se construye la acusación por malversación de caudales públicos (delito por el que la demandante también fue acusada) incorporaban hechos que desbordaron el límite territorial de la comunidad autónoma catalana.*
>
> *En definitiva, el mantenimiento de la competencia para enjuiciamiento vino apoyado en todo momento en los elementos que, en el Estatuto de Autonomía de Cataluña, definen la regla de atribución competencial (art. 57.2* EAC). La consideración de que, a las personas investigadas y luego acusadas, se atribuían hechos relevantes para la calificación jurídica como rebelión, sedición y malversación de caudales públicos, cometidos dentro y fuera del territorio de Cataluña, se apoyó en datos

objetivos confirmados por la instrucción. Esta valoración, que constituye el elemento nuclear del disentimiento expresado en el recurso de amparo, no vino apoyada en un razonamiento arbitrario, ajeno al sentido de la norma, irrazonable por su incoherencia lógica, o apoyado en un error patente pues, en este último sentido, no se evaluaron hechos cometidos, sino hechos atribuidos por los acusadores.

No era jurídicamente viable que, en dicho momento procesal, esto es, antes de practicarse la prueba de cargo y descargo, la sala de enjuiciamiento dejara de tomar en consideración los hechos atribuidos por la acusación para determinar su competencia objetiva, pues es la acusación, salvo que carezca manifiestamente de justificación o sea inverosímil, la que delimita el marco objetivo a partir del cual ha de ser establecida la competencia.

Lo expuesto permite apreciar que la Sala de lo Penal del Tribunal Supremo, en cuanto es el órgano judicial establecido por la ley para exigir responsabilidad por delito a los diputados autonómicos, cuando los hechos atribuidos tienen lugar fuera del territorio catalán, lo es también para investigar y enjuiciar las acciones penales que contra ellos se dirijan en esos casos; lo que nos lleva a concluir que las resoluciones impugnadas en amparo no vulneraron el derecho de la recurrente al juez ordinario predeterminado por la ley» [STC (Pleno) nº 46/2022, de 30 de marzo. En el mismo sentido, vid. otras sentencias del Pleno del TC sobre esta materia: nº 45/2022, de 23 de marzo; nº 25/2022, de 23 de febrero; nº 121/2021, de 2 de junio].

Pero los desafíos para la Sala 2ª del TS sobre la *escindibilidad* o no de las causas con aforados aún tendrán un largo recorrido, ya que faltan por ser enjuiciados muchos protagonistas de la Causa del «Procés», hasta ahora en «rebeldía» que, poco a poco, de forma voluntaria o involuntaria, se irán poniendo a disposición de la Justicia. De hecho, ya se han constatado algunos casos de comparecencia voluntaria ante el TS de personas procesadas, en sendos casos de desobediencia, sobre los que el Alto Tribunal tendrá que decidir si continúan siendo enjuiciados por el propio TS o, por el contrario, como ha solicitado las personas investigadas, sus causas pasa a ser conocida por el TSJ de Cataluña[112].

---

112 https://www.elmundo.es/espana/2022/10/01/633702ebfc6c835e428b45b9.html.

Salvo que una mayoría parlamentaria derogue la actual regulación de los delitos por los que fueron enjuiciados los principales responsables del Procés; en cuyo caso finalizará, de raíz, toda exigencia de responsabilidad criminal de los ya juzgados y de los que estuvieran "por juzgar". Un primer paso en este sentido lo constituye la presentación, por parte de los Partidos políticos PSOE y de Unidas Podemos-En Comú Podem-Galicia en Común, de la «Proposición de Ley Orgánica de Transposición de Directivas Europeas y otras Disposiciones para la Adaptación de la Legislación Penal al Ordenamiento de la Unión Europea, y Reforma de los Delitos contra la Integridad Moral, Desórdenes Públicos y Contrabando de Armas de Doble Uso», que trasciende a la mera eliminación del delito de sedición. Vid. Proposición de Ley nº 122/000271, presentada el 11/11/2022, calificada el 14/11/2022 (disponible en https://www.congreso.es/proposiciones-de-ley?p_p_id=iniciativas&p_p_lifecycle=0&p_p_state=normal&p_p_mode=view&_iniciativas_mode=mostrarDetalle&_iniciativas_legislatura=XIV&_iniciativas_id=122%2F000271).

CAPÍTULO IV
LAS CLAVES PARA RESOLVER LOS INTENTOS DE VULNERACIÓN DE LA PREDETERMINACIÓN LEGAL DEL JUEZ

1. EL CARÁCTER *IMPERATIVO* DE LAS NORMAS SOBRE COMPETENCIA PENAL Y LAS CONSECUENCIAS DE LA VIOLACIÓN DE LA GARANTÍA DEL JUEZ PREDETERMINADO POR LA LEY

Como es sabido, las normas para la determinación de la competencia objetiva y funcional, incluso la territorial, son todas improrrogables en el ámbito penal. Se trata de «derecho imperativo» («ius cogens»), en el que está vedada cualquier intervención de las partes conducentes a alterar el designio legislativo. De esta improrrogabilidad de la competencia de los tribunales penales (art. 8 LECRIM) se derivan dos importantes consecuencias:

1ª) La falta de competencia debe provocar la nulidad de todo el proceso (art. 238.1 LOPJ), pues se trata de una cuestión de orden público y, además, es una consecuencia de la vulneración del derecho fundamental al juez ordinario predeterminado por la ley (art. 24. 2 CE).

2ª) El juez o tribunal puede apreciar de oficio su propia falta de competencia y las partes actuantes también podrán denunciar esta importante carencia. En este último caso, las partes pueden utilizar un doble mecanismo: o bien interponer inhibitoria (ante el tribunal que se cree competente, pero que no está conociendo del proceso), o bien a través de la declinatoria (que se interpone ante el tribunal que está conociendo indebidamente del proceso) –art. 26 LECRIM–.

Pues bien, en el caso de los aforados la determinación de la competencia objetiva y, por ende, de la funcional, viene mediatizada la aplicación de un criterio «*ratione personae*» (por tener el sujeto investigado la cualidad de parlamentario nacional), lo que desemboca en la atribución del enjuiciamiento en favor de un fuero distinto y superior jerárquico del que se adjudica a la generalidad de los justiciables, en este caso el TS. Por lo demás, el tipo de procedimiento aplicable a los aforados no reviste ninguna especialidad: se sigue el cauce del proceso *ordinario* que corresponda a la gravedad de la infracción, o el proceso especial aplicable por razón de la materia (aunque en la jerga forense los procesos seguidos contra los aforados se califiquen habitualmente como «causas especiales»)[113].

Todo lo anterior permite concluir, por una parte, que los aforamientos suponen excepciones al principio de igualdad, por lo que deben tener siempre una interpretación restrictiva; y por otra, que aquéllos constituyen un criterio irrenunciable de atribución de la competencia objetiva, y que ésta a su vez es imperativa, por lo que es absolutamente indisponible: ni siquiera el sujeto aforado puede decidir sobre la aplicación de la norma competencial. En consecuencia, cualquier procedimiento penal que fuera instruido y/o enjuiciado por un fuero distinto del previsto inicialmente para el investigado-aforado, en buena técnica jurídica, sería nulo de pleno de derecho.

Sentadas estas bases, que se nos antojan indiscutibles, es el momento de plantearse definitivamente cuáles debieran ser las consecuencias jurídicas de la acción combinada de esta inderogabilidad de las normas

---

113 Ya hemos visto la posición del TS contraria a que las causas contra aforados se sustancien por el procedimiento de los *delitos leves*, de los *juicios rápidos* o del juico por *Jurado* (*ut supra*, Capítulo III, epígrafe 3, «otras "invenciones" jurisprudenciales»).

de competencia objetiva y la violación de la garantía del juez ordinario predeterminado por la ley. O si se prefiere, nos podríamos preguntar si los cambios competenciales sobrevenidos en las «causas especiales» de los aforados vulneran el derecho fundamental al juez ordinario predeterminado por la ley.

Llegados a este punto, como ya hemos sostenido en otras ocasiones[114], si de verdad queremos que la CE se cumpla en sus exactos términos, la regla de la predeterminación debiera ser absoluta (quizás con una única excepción: que cuando fuera a iniciarse un proceso penal, por el largo lapso temporal transcurrido, el órgano competente conforme a la normativa vigente en el momento de la comisión del delito, aquél hubiese desaparecido por efecto de la nueva legislación orgánica e, incluso, que hubiera dejado de actuar completamente por haber enjuiciado ya todos sus casos «pendientes»; cosa que muy difícilmente podría suceder con el TS). Ni la pretendida eficacia de la Administración de Justicia, ni una mal entendida necesidad de eliminar obstáculos a la soberanía popular, pueden amparar un hecho tan grave como es el desvirtuar un precepto constitucional, máxime si éste se encuentra regulado en la Sección 1ª, Capítulo II, del Título I de la CE.

Así las cosas, a nuestro juicio, habría violación del derecho fundamental al juez predeterminado siempre que un asunto vaya a parar, por el motivo que sea, a un órgano jurisdiccional que, según la ley (previa al caso concreto), no es el juez previsto para ocuparse objetivamente de ese asunto. Si no se admite que las cosas son así, la *predeterminación* es una pura entelequia, sin contenido alguno. La consecuencia jurídica de la posición que pretendemos mantener aquí es muy clara, aunque pueda parecer dura: por una parte, la inconstitucionalidad, por vulnerar el art. 24.2. CE, de cualquier norma que altere, una vez iniciado el proceso, cualesquiera de las predeterminaciones legales que conducen a que el conocimiento del asunto corra a cargo de otro

---

114 Vid. CHOZAS ALONSO, J.M., «¿Hasta cuándo el *peregrinaje* de las causas judiciales de los aforados?», en *Derecho, Justicia, Universidad. Liber Amicorum* de Andrés de la Oliva Santos, Madrid, Editorial U. Ramón Areces, Vol. I., págs. 779-805.

órgano jurisdiccional[115]; lo cual, unido al carácter absolutamente *cogente* de las normas competenciales, nos conduce inevitablemente a considerar nulo de pleno derecho todo lo actuado en sede jurisdiccional con arreglo a la nueva norma competencial. En efecto, son muy «graves» las consecuencias que proponemos (máxime si tenemos en cuenta que ello supondría la declaración de inconstitucionalidad de algún importante precepto, como la Disposición Transitoria única de la Ley Orgánica 4/2014, de 11 de julio, relativa al trasvase al TS de un proceso que afecta al anterior Jefe del Estado), pero más grave sería permitir que una ley pueda derogar la Constitución, y que las actuaciones amparadas en aquella sean válidas y eficaces. Rememorando de nuevo las palabras del Profesor DE LA OLIVA SANTOS, «si vale lo que se hace en violación del derecho fundamental al juez legalmente predeterminado, es ese derecho fundamental el que no vale»[116].

Y si esto es así para la posible modificación sobrevenida de las leyes competenciales, con mayor motivo cabe sostener la irrelevancia de las modificaciones del «estado de hecho» que habían determinado la atribución originaria de la competencia. En general, por *estado de hecho* podemos entender todos aquellos criterios asumidos por el legislador en cada caso determinantes de la competencia o de la jurisdicción. En el ámbito jurisdiccional civil estos criterios pueden ser de muy diversa índole, como el domicilio o la residencia de las partes, la sede de una sociedad, la nacionalidad, el lugar de conclusión del con-

---

115 Es este sentido se pronuncia el aislado ATS (2ª), de 18 de junio de 1997 (Rec. de Cas. 196/1997), que interpreta correctamente el principio de la «*perpetuatio iurisdictionis*» frente al principio «*tempus regit actum*»: «*Invoca el recurrente la aplicación del principio "tempus regit actum", referido a la determinación de la norma aplicable en el caso de sucesión de normas; sin embargo dicho aforismo afecta a las normas que regulan la actividad procesal, que se aplican –salvo disposición en contrario– a situaciones procesales que se producen una vez entrada en vigor la nueva norma, mas dicho principio no va dirigido a materia distinta a la actividad procesal, como es la atinente al órgano jurisdiccional y a los presupuestos procesales –la competencia objetiva entre ellos que la afectan*» (Fto. Jdco. Único).

116 DE LA OLIVA SANTOS, A., *Los verdaderos tribunales en España: legalidad y derecho al juez predeterminado por la ley*, *cit*., pg. 127.

trato, el enclave de un inmueble, el valor del objeto litigioso, etc. En el ámbito penal, sin embargo, la cuestión se simplifica un poco, ya que la determinación de la competencia objetiva y/o territorial suele atender a la naturaleza del delito, a su gravedad, a la condición personal del imputado (aforado, menor de edad, etc.) y al lugar de la comisión del hecho («*forum delicti commissi*»). Pero reparemos, siguiendo a la doctrina italiana[117], en que puede haber «hechos» («*stato di fatto*») susceptibles de modificación una vez que se ha determinado la competencia, v. gr. la nacionalidad de las partes, su residencia, su domicilio; pero también hay otros hechos o eventos «conclusos o cumplidos» cuya modificación resulta imposible, como el lugar de nacimiento de una persona, el lugar en el que se encuentra sito un inmueble, el lugar de la comisión de un hecho, etc.

Lógicamente el efecto de la «*perpetuatio iurisdictionis*» sólo se proyecta sobre los hechos sobrevenidos que, en abstracto, podrían afectar a la determinación competencial, ya que los hechos «cumplidos», por su propia esencia, no pueden sufrir modificación alguna. Si un contrato se ha celebrado en Madrid, no se puede celebrar posteriormente –ese mismo contrato– en otra parte; si un asesinato se ha producido en Valladolid, no puede producirse posteriormente en otra circunscripción; si alguien ha nacido en Valdemorillo, no puede nacer posteriormente en otra localidad, etc. Y no cabe duda de que adquisición o la pérdida de la condición de Diputado o Senador, por ejemplo, con posterioridad a la comisión de un delito, podría –en abstracto– afectar a la competencia del tribunal; sin embargo, una vez radicado el proceso, conforme a la norma competencial aplicable en el momento de la comisión del delito, el «*stato di fatto*» existente en ese momento cristaliza, queda «congelado», y ninguna modificación posterior de esos hechos podrá afectar a la competencia originaria. Si una persona es aforada en el momento de cometer un delito, deberá ser enjuiciado, *siempre*, por su fuero especial, aunque posteriormente renuncie al cargo o condición que le otorga el aforamiento, y viceversa, si una persona *de a pie* comete un delito y, pos-

117 CHOZAS ALONSO, J.M., *La «perpetuatio iurisdictionis»… cit.*, pg. 120.

teriormente, adquiere la condición de aforado, le debe juzgar el tribunal ordinario, no el fuero especial. Así lo exige el art. 24.2 CE.

2. DE LA TEORÍA A LA PRÁCTICA. PROPUESTA DE SOLUCIÓN A LOS PROBLEMAS «COMPETENCIALES» QUE PUEDEN PLANTEAR LAS DIVERSAS VICISITUDES DE LOS AFORADOS

Aunque son muchos los aspectos que podrían estudiarse en relación con la institución político-procesal del aforamiento (origen histórico, fundamento jurídico, diferencias entre el aforamiento y la inviolabilidad e inmunidad parlamentarias, duración, efectos, la autorización para proceder en algunos casos, etc.), como anunciábamos al principio de este trabajo[118], nos vamos a centrar exclusivamente en ofrecer nuestra opinión sobre cómo resolver la problemática tratada en este modesto estudio, los competenciales; a saber: *1) de la pérdida o adquisición del aforamiento de un parlamentario nacional o europeo durante la tramitación del proceso; 2) del establecimiento de una duplicidad de competencias entre tribunales, hasta la actuación definitiva del «aforamiento»; 3) la conexión y su posible repercusión en la competencia de los tribunales penales.*

2.1. Pérdida o adquisición de la condición de aforado durante el proceso

En primer lugar, y con carácter general, debe quedar claro que si uno de estos aforados comete un delito durante su mandato[119] –excep-

118 Vid. *ut supra*, Capítulo I («Generalidades»), punto 3 («*delimitación del objeto de la reflexión*»).

119 Como señala GÓMEZ COLOMER, con abundante apoyo jurisprudencial, el aforamiento alcanza a los parlamentarios aun cuando solo tengan el carácter de «electos», porque el pueblo «ya les ha designado» como sus representantes (GÓMEZ COLOMER, J. L. y ESPARZA LEIBAR, I., *Tratado Jurisprudencial... cit.*, pg. 425). Por su parte, así lo establece el art. 1º de la Ley de 9 de febrero de 1912 sobre el aforamiento de Diputa-

tuados los relacionados con las opiniones manifestadas en el ejercicio de su cargo (inviolabilidad absoluta)– y es enjuiciado durante el tiempo en el que desempeña su alta función, la competencia funcional para investigarle y la competencia objetiva para enjuiciarle ha de corresponder al tribunal previsto atendiendo al criterio *ratione personae*; es decir, siempre y en exclusiva al TS (art. 71.3 CE);

Aparte de la anterior «certeza», proponemos las siguientes soluciones, en aplicación directa del art. 24.2 CE (en contra de las posiciones asumidas, hasta ahora, por la jurisprudencia):

a) *Infracción punible cometida* «antes» *de la adquisición de la condición de aforado, pero que es enjuiciada durante el tiempo en que el inculpado ostenta dicha condición.* En este caso, la adquisición del fuero no debiera afectar en absoluto a la competencia predeterminada al caso, por lo que debería enjuiciar el Juez de lo Penal, o la Audiencia Provincial, o la Audiencia Nacional, etc., según las normas de competencia objetiva aplicables por razón de la materia o por razón de la gravedad del delito, pero no se aplicarán «sobrevenidamente» las normas *ratione personae*. Lo contrario, sería tanto como admitir la regla de la postdeterminación del tribunal en función de la nueva condición socio-política de una persona.

Cuestión distinta, como ha señalado alguna voz muy autorizada, es que sea necesario solicitar el suplicatorio a la Cámara correspondiente, por conducto de la Sala 2ª del TS (art. 71.2 CE)[120]. Y ese *es el espíritu*

---

dos y Senadores. Finalmente, no resulta ocioso recordar que este es el criterio que ha establecido el Tribunal Europeo de Derechos Humanos (TEDH –Estrasburgo–), para los europarlamentarios, en su reciente Sentencia de la Gran Sala, de 19 de diciembre de 2019 [Procedimiento penal contra *Oriol Junqueras Vies (C-502/19)*], en cuyos apartados 70 y 74, se dice que «estas disposiciones deben interpretarse, por lo tanto, en el sentido de que la adquisición de la condición de miembro del Parlamento Europeo, a efectos del artículo 9 del Protocolo sobre los privilegios y las inmunidades de la Unión, *se produce por el hecho y desde el momento de la proclamación oficial de los resultados electorales efectuada por los Estados miembros*» (la *cursiva* es nuestra).

120 DEL MORAL GARCÍA, A., «Incidencia del Código Penal en la competencia objetiva», en *Cuadernos de Derecho Judicial*, *cit*., pg. 140.

que, a nuestro juicio, parece animar al art. 752 LECRIM y al art. 22.1, párrafo segundo, del Reglamento del Senado. El primero de los preceptos citados establece que «Si un Senador o Diputado a Cortes fuese procesado durante un interregno parlamentario, deberá el Juez o Tribunal que conozca de la causa ponerlo inmediatamente en conocimiento del respectivo Cuerpo Colegislador», mientras que el Reglamento del Senado prevé que «los Senadores no podrán ser inculpados ni procesados sin la previa autorización del Senado, solicitada a través del correspondiente suplicatorio. *Esta autorización será también necesaria en los procedimientos que estuvieren instruyéndose contra personas que, hallándose procesadas o inculpadas, accedan al cargo de Senado*».

b) *Infracción cometida «durante» el mandato del aforado, pero la causa comienza tras perderse el aforamiento.* Aquí, el proceso debe radicarse ante el tribunal del aforamiento, el TS, es decir, debe aplicarse la norma *ratione personae*, que era la vigente en el momento de cometerse el delito. Sin embargo, al haber desaparecido la inmunidad del aforado (la inviolabilidad por las opiniones manifestadas en el desempeño de su cargo es perpetua), no será preciso, en su caso, elevar el suplicatorio. No hay ya razones que abonen la desigualdad ni el privilegio de la inmunidad, aunque no podrán sustraerse a la competencia del tribunal predeterminado por la ley (art. 71.3 CE).

c) *Infracción cometida durante el mandato del aforado, pero éste pierde su condición, «pendiente el proceso»* (ya sea por renuncia al acta parlamentaria, por disolución de la Cámara o por cualquier otro motivo). En este supuesto, la «*perpetuatio iurisdictionis*» –en definitiva, el art. 24.2 CE– y el art. 2º, párrafo primero, de la Ley 1912 (perfectamente acorde con el texto constitucional), imponen la irrelevancia de cualquier cambio sobrevenido que pudiera afectar a la competencia objetiva del tribunal enjuiciador, por lo que debe continuar conociendo el TS o el TSJ, según los casos, con independencia de la fase procesal en la que nos encontremos. Por su parte, el art. 71 CE, exige palmariamente que las causas que se sigan contra Diputados y Senadores serán, *siempre*, enjuiciadas por el TS. No debe confundirse la posible pérdida de las prerrogativas de los Diputados y Senadores relativas a su inmunidad –«durante el período de su mandato», reza el apartado segundo del citado art. 71 CE, refiriéndose solo a las limitaciones de la detención y al suplicatorio– con la indeclinable competencia del TS aunque el aforado pierda su condición de parlamentario.

2.2. El problema de la competencia funcional. El establecimiento de una duplicidad de competencias: la de los juzgados «ordinarios de instrucción» (vicaria) y la del propio Tribunal Supremo

Concretando las soluciones a los principales problemas que plantea, a nuestro juicio, la exigencia jurisprudencial de una especie de más que *indiciaria imputabilidad* de los aforados ¿qué debiera pasar en los dos supuestos básicos que ya hemos comentado en el capítulo anterior[121]: 1) primero, cuando la denuncia o la querella se interpongan directamente ante el TS, es decir, que la *notitia criminis* le llegue directamente al Tribunal del aforamiento; 2) cuando la *notitia criminis* accede al TS porque aparecen indicios de responsabilidad penal de un aforado a lo largo de la tramitación de una instrucción que, de forma independiente, estaba realizando un juzgado de instrucción?

En estos casos, como ya hemos expuesto, el principal problema que plantea la *invención* del TS acerca de la competencia *vicaria* y *prioral*, respectivamente, de los juzgados de instrucción ordinarios y del propio TS, es que choca frontalmente con la legislación vigente. En efecto, no está dicho en ningún sitio que en tanto que no esté perfectamente (perdón, *indiciariamente*) *probada* la participación individual del aforado en un determinado hecho delictivo, no se activa el aforamiento tiene su raíz, como ya hemos dicho, en una premisa radicalmente falsa, esto es: *la supuesta falta de previsión legal* del momento preciso en el que el TS debe hecerse cargo de la instrucción de la causa.

---

121 Vid. *ut supra*, Capítulo III, epígrafe 3.1 («*Los pretendidos requisitos para la "activación" del aforamiento y la alteración de la competencia "funcional"*»).

En el primer supuesto, la aplicación conjunta de los arts. 24. 2 CE, y los arts. 71 CE, art. 57 LOPJ, art. 1 Ley 1912 y art. 303, V LECRIM hacen de la Sala 2ª el inmediato y único tribunal con competencia funcional para instruir la causa penal[122], salvo que pueda inadmitir a trámite la querella por alguno de los motivos establecidos en el artº. 313 LECRIM, es decir, cuando los hechos en que se funden no constituyan delito, o cuando no se considere competente para instruir el sumario objeto de la misma. Si no se da ninguno de estos supuestos, la LECRIM le obliga al tribunal instructor a admitirla a trámite, mandará practicar las diligencias que en ella se propusieren, salvo las que considere contrarias a las leyes o innecesarias o perjudiciales para el objeto de la querella, las cuales denegará en resolución motivada (artº 312 LECRIM), puesto que el art. 3 Ley de 1912 le ordena al TS proceder en estos casos de aforados sin ningún tipo de especialidad procedimental, sino de «conformidad a lo prevenido en la LECRIM».

Y en el caso de que la *notitia criminis* haya aparecido durante la instrucción de otro juzgado ordinario, la norma aplicable no deja lugar a dudas: en cuanto apareciesen los primeros indicios de responsabilidad contra algún Senador o Diputado, «tan pronto como fueren practicada las medidas necesarias para evitar la ocultación del delito o la fuga del delincuente, se remitirán las diligencias en el plazo más breve posible al Tribunal Supremo». Es decir, en un ejercicio de correcta hermenéutica, atendiendo a la literalidad de las palabras, pero, sobre todo, a la finalidad de la norma, la causa frente a un aforado debe remitirse, cuanto antes, al tribunal exclusivamente competente para investigar y, en su caso, enjuiciar el asunto, que no es otro que el TS. Esto, en definitiva, es lo que pasó

---

122 Como sabemos, el art. 303 V LECRIM ordena lo siguiente: «*Cuando el delito fuese, por su naturaleza, de aquellos que solamente pueden cometerse por Autoridades o funcionarios sujetos a un fuero superior, los Jueces de instrucción ordinarios, en casos urgentes, podrán acordar las medidas de precaución necesarias para evitar su ocultación; pero remitirán las diligencias en el término más breve posible, que en ningún caso podrá exceder de tres días, al Tribunal competente, el cual resolverá sobre la incoación del sumario, y en su día sobre si ha o no lugar al procesamiento de la Autoridad o funcionario inculpados*».

en la causa principal del «Procés» (Causa Especial núm.: 20907/2017, que dio lugar a la STS (2ª) nº 459/2019, de 14 de octubre). ¿Por qué aquí se aplicaron correctamente las disposiciones legales y constitucionales y en otros casos, anteriores y posteriores (señaladamente las *macroquerellas* por la gestión de la pandemia[123]) no?

2.3. La conexión de delitos cuando hay personas aforadas y no aforadas

Sobre este tema, ya tratado al final del Capítulo anterior, a modo de recapitulación podemos condensar las siguientes ideas:

1ª) Parece razonable, como señala la jurisprudencia mayoritaria, mantener el criterio tradicional de que el órgano competente para el aforamiento debe extender su conocimiento sobre los sujetos no aforados, cuando separar los procesos conlleve una *división de la continencia de la causa,* que entrañe claramente el riesgo de sentencias contradictorias y dificulte la investigación y el enjuiciamiento de una realidad fáctica compleja que debería acometerse de forma conjunta (con apoyo en el art. 272, párrafo tercero, LECRIM, conforme al cual la querella ha de presentarse ante el órgano competente para el aforamiento «*cuando fueren varios los querellados por un mismo delito o por o dos más conexos, y alguno de aquéllos estuviese sometido excepcionalmente a un Tribunal que no fuere el llamado a conocer por regla general del delito*»).

2ª) No obstante, debemos tener en cuenta el carácter restrictivo de la reforma operada por la Ley 41/2015, de 5 de octubre, *de modificación de la Ley de Enjuiciamiento Criminal para la agilización de la justicia penal y el fortalecimiento de las garantías procesales,* que ha variado las reglas de conexidad (artº 17 LECRIM) para evitar el automatismo que se venía produciendo con la acumulación de causas en lo que se conoce como *ma-*

123 Por ejemplo, en el *ATS (2ª) 11985/2020, de 18 de diciembre de 2020 (Causa Especial nº 20542/2020; querellas contra el Presidente del Gobierno de España, D. Pedro Sánchez Pérez-Castejón y varios miembros del Gobierno).*

croprocesos (por ejemplo, los procesos de los «ERE de Andalucía», o de la trama «*Gürtel*», o de la trama «*Pretoria*», etc.).

La regla debiera ser que cada delito propicie la formación de una causa separada, siendo la acumulación por conexión solo posible si concurren circunstancias tasadas y cuando el conocimiento de los asuntos por separado no resulte más aconsejable. Y una de las causas que bien debe impedir, como regla general la conexión, es que le infracción se haya cometido por personas aforadas y no aforadas. Y ello para salvaguardar el derecho fundamental al juez ordinario predeterminado por la ley respecto de los no aforados, que quedaría bajo la jurisdicción de un órgano que no era el previsto, en principio, para ellos.

Lo que nos tememos, sin embargo, es que esta nueva regla, amparada en la reforma legislativa operada en el año 2015, sobre el artº 17 LECRIM, sufrirá vaivenes y excepciones difícilmente inteligibles. Nos remitimos a las diferentes posturas adoptadas en los casos *Homs* («primer Referendum catalán»), «Procés» (tres tribunales diferentes enjuiciando), en el «Borrás», «Alberto Rodríguez»[124].

2.4. A modo de reflexión final

Somos conscientes de que estas conclusiones no son asumidas por la mayor parte de la doctrina científica[125], que se muestra a veces muy comprensiva con la postura adoptada por la jurisprudencia del TS sobre esta materia (naturaleza meramente *funcional* del aforamiento): los aforados pueden perder perfectamente su fuero, pendiente un proceso, precisamente porque ya no es necesario proteger el libre desempeño de un cargo que, por la razón que fuere, ya no se ostenta[126].

---

124 Vid. *ut supra*, Capítulo III, epígrafe 2.3 («*Infracciones en las que han participado personas aforadas y personas no aforadas (conexión)*»).

125 Vid., por todos, CUBILLO LÓPEZ, I. J., «La determinación del órgano competente en el orden penal»…*cit.*, pgs. 141 y ss.

126 Vid. MARCHENA GÓMEZ, M., «Procesos penales contra aforados», en *Cuestiones de Derecho Procesal Penal* (*Cuadernos de Derecho Judicial*, 1994), págs. 479 y ss.

No obstante, modestamente entendemos que la jurisprudencia sobre esta materia es, por lo general, *inadmisible*, si se examina a la luz de las exigencias de la garantía-derecho al juez *pre*determinado por la ley. Los señores aforados pueden desprenderse voluntariamente -o perder forzosamente- sólo de los derechos que el ordenamiento considera renunciables (básicamente de sus prerrogativas relativas a su *inmunidad* parlamentaria), pero no pueden renunciar a su *inviolabilidad* por las opiniones manifestadas durante el ejercicio de su cargo, ni tampoco a su *aforamiento* propiamente dicho, es decir, al tribunal que necesariamente ha de conocer de su asunto, por ser el competente en el momento de la comisión del delito[127]. A lo sumo podría admitirse -aunque no lo compartamos-, como proponen algunos profesores[128], que la perpetuación de la jurisdicción se produce con el inicio del proceso penal -con la llegada de la *notitia criminis* al órgano jurisdiccional-, momento en el que cristalizaría la competencia del tribunal, y a partir de ahí sería irrelevante cualquier variación en el elemento fáctico o jurídico; pero de lo que no se nos podrá convencer nunca, por muy alto que lo proclame el TS, es que la competencia objetiva del tribunal pueda «*pasar*» del TS a una AP, o a un Juzgado de lo Penal, siempre que no se haya llegado aún el momento procesal de la apertura del juicio oral.

No vamos a reiterar aquí los argumentos que ya hemos expresado para considerar más respetuosa con el art. 24.2 CE, y con las exigencias del principio de seguridad jurídica, la teoría de que el «*dies a quo*» de la predeterminación es el del «*dies delicti commissi*»; pero creemos que ni la teoría de la predeterminación con el conocimiento de la *notitia*

127 La garantía constitucional del art. 71.2 CE -inmunidad- solo se proyecta en una triple dirección: detención, inculpación y procesamiento del Diputado o Senador; pero no afecta a la predeterminación de la competencia objetiva del TS -aforamiento-, que es irrenunciable (art. 71.3 CE).

128 DÍEZ-PICAZO GIMÉNEZ, I., «El Derecho fundamental al juez ordinario predeterminado por la ley», *cit.*, pg. 105; RIZO GÓMEZ, B., «El derecho al juez ordinario predeterminado por la ley y la predeterminación de la competencia. Principios que deben inspirar toda reforma competencial del sistema judicial español», en *Diario La Ley*, nº 8372, Sección Doctrina, 8 de septiembre de 2014, pg. 8.

criminis ni, mucho menos, la mantenida por el TS (apertura del juicio oral), dicho sea con todos los respetos, sirvan para erradicar de nuestro sistema cualquier clase de manipulación en la fijación del órgano que tendría, *ab initio*, el deber de enjuiciar las conductas ilícitas de los aforados. Si realmente, como dice el propio TS en sus resoluciones sobre este tema, no puede quedar al azar o al capricho del acusado (*rectius*: aforado) tratar de convertir en contingente y dependiente de su voluntad o de otros factores –como la disolución de las Cámaras– la determinación del Tribunal competente, la perpetuación de la jurisdicción se ha debido producir muchísimo antes del inicio del juicio oral: se debe producir en el momento en el que el Diputado o Senador cometió el ilícito penal, momento en el que surgió el *fuero* («competencia jurisdiccional especial que corresponde a ciertas personas por razón de su cargo», *DRAE*).

Sólo de esta manera se acabará con el bochornoso espectáculo de que a los aforados «les valga» renunciar precipitadamente a su cargo –incluso al día siguiente de imputárseles el delito– y evitar que su asunto recale en el TS –órgano predeterminado por la ley–, o que la renuncia sea negociada con los imputados para que pueda desbloquearse la investidura, por ejemplo, de un presidente autonómico. Por otra parte, resulta disfuncional y antiestético –por no utilizar otros adjetivos– que tribunales penales de «inferior jerarquía» puedan llegar a revisar decisiones de órganos superiores, enmendando la plana incluso al TS.

Así las cosas, ante el disperso marco normativo (cuyo eje principal lo constituye la arcaica y, a nuestro juicio, sólo parcialmente derogada Ley de 1912), que nuestros legisladores, al parecer, no tienen demasiada prisa en aclarar (con lo que podrían acabar, de una vez, con esta retorsión de las normas competenciales), y ante la «consolidada» jurisprudencia del TS –aunque el Alto tribunal afirme que no existe tal consolidación[129]– de considerar que la predeterminación judicial («*perpetuatio iurisdictionis*) sólo opera a partir de la apertura del juicio oral (salvo si se trata de «adquisición sobrevenida» del fuero), el TC se erige en la única institución del Estado (por así decirlo, el último bastión), que podría en-

129 Vid. STS (2ª) 869/2014, de 10 de diciembre.

derezar el rumbo, si reconsiderara su visión sobre el tema. Sin embargo, nos tememos que el TC, de no haberlo hecho ya, no va a variar la postura complaciente con la del TS, que ha venido manteniendo hasta ahora.

En efecto, el TC ha venido manteniendo, desde que dictó su sentencia más importante en esta materia [STC (1ª) 22/1997, de 11 de febrero *(Caso Calero)* [130]], en el Fto. Jdco. 8º «que la pérdida sobrevenida de esa condición [Senador], la devolución de la causa al juzgado de instrucción no supuso vulneración alguna del derecho fundamental a la tutela judicial efectiva (art. 24.1 CE) y al Juez predeterminado por la Ley (art. 24.2 CE), toda vez que la condición del Tribunal Supremo en este tipo de procesos sólo se justifica constitucionalmente por razón de la prerrogativa del aforamiento (art. 71.3 CE) y en atención a la función institucional que le es propia, y no cuando –como ahora acontece– ésta queda privada de su razón de ser, por haber perdido el encausado su condición de miembro de las Cortes Generales. Lo contrario supondría –como antes se ha dicho– una extensión del ámbito temporal de la prerrogativa, convirtiéndola predominantemente en privilegio persona, que redundaría en una desproporcionada e innecesaria alteración del régimen común del proceso penal».

Sin embargo, como hemos intentado demostrar a lo largo de este modesto trabajo, y con el debido respeto al TC, se trata precisamente de lo contrario: la verdadera alteración del régimen común, el verdadero privilegio en manos de unos pocos, la aniquilación del principio de seguridad jurídica y de la garantía de la predeterminación del juez legal, se produce con el «peregrinaje» de las causas judiciales desde el TS (o el TSJ) a juzgados inferiores (y viceversa). El cumplimiento de una regla de «orden público», como lo es la competencia objetiva, no puede depender de hechos sobrevenidos y, en muchas ocasiones, controlables por los propios aforados, o por los propios grupos parlamentarios, o por los gobiernos de turno (con renuncias a las prerrogativas, disoluciones

---

130 En esta sentencia se aborda el caso de un alcalde de una población jienense (Andújar), y además Senador, que perdió la condición de aforado durante la tramitación de un proceso que se seguía contra él ante el TS.

de las Cámaras, aplicaciones del art. 155 CE, inclusiones en las listas electorales para lograr «aforamientos», etc.).

El TC debiera rescatar la *esencia* de los votos particulares de la STC (1ª) 22/1997, de 11 de febrero, los de los magistrados Gimeno Sendra y García Manzano, impidiendo, de una vez para siempre, que la determinación del tribunal quede al albur de factores externos, muchas veces controlados por los propios justiciables aforados; en definitiva, es el momento de recordar (y aplicar) las enseñanzas de dichos votos disidentes:

> «*Nuestro disentimiento con la mayoría se circunscribe al fundamento jurídico 8º de esta Sentencia, en el que, sin mayor razonamiento, se afirma que la competencia del T.S. "queda privada de su razón de ser, por haber perdido el encausado su condición de miembro de las Cortes Generales", viniendo a confirmar (y, por tanto, a elevar a rango constitucional) la doctrina del T.S., plasmada en la Sentencia impugnada, según la cual "...fuera de su mandato, la competencia de la Sala Segunda del T.S. sólo se extiende a los Diputados y Senadores electos o, cuando, al finalizar su mandato, estuviera concedida y vigente la autorización de la Cámara para proceder, pero siempre que los hechos cometidos estuvieran directamente relacionados con el ejercicio de la función pública inherente al cargo representativo".*
>
> *Esta última interpretación -tal y como, por otra parte, tampoco se le oculta a la mayoría-, no sólo contraviene el tenor del inciso segundo del art. 7 de la Ley de 9 de febrero de 1912 ("si la autorización fuese concedida, continuará el procedimiento hasta que recaiga resolución o sentencia firme, aun cuando antes de dictarla fueren disueltas las Cortes..."), sino que infringe también, a nuestro parecer, el núm. 3 del art. 71 C.E. que, a diferencia de sus párrafos anteriores, no somete el aforamiento a los mismos requisitos, material y temporal, que la inviolabilidad e inmunidad parlamentarias*
>
> *No somete el aforamiento a idénticos requisitos, porque la función consistente en determinar si el hecho punible ha sido cometido por el parlamentario con ocasión del ejercicio de su función pública ha de quedar reservada exclusivamente al presupuesto procesal del suplicatorio o, dicho en otras palabras, corresponde exclusivamente a las Cámaras (sin perjuicio del último control de este Tribunal) examinar, de un lado, si el delito se ha cometido durante el mandato y, de otro, si trae causa del ejercicio*

de las funciones parlamentarias, debiendo el Poder Legislativo denegar el suplicatorio cuando concurran plenamente ambas circunstancias y concederlo, en caso contrario, esto es, si falta alguna de ellas.

3. Esto afirmado, es claro que, si el suplicatorio ha sido concedido, lo ha sido precisamente porque las Cámaras han estimado, bien que su destinatario no es miembro del Parlamento, bien que ha cometido un delito fuera del ejercicio de las funciones parlamentarias, o bien por ambas razones a la vez, por lo que ha de resultar procedente su enjuiciamiento por la Sala Segunda del T.S., sin que dicho acto, el del suplicatorio, tenga naturaleza discrecional, pues, con posterioridad a nuestra STC 206/1992, ha de ser motivado o fundado necesariamente en aquellos requisitos.

4. Así, pues, al trasladar el T.S. y ahora a este Tribunal (con todos los riesgos de congelación jurisprudencial) tales exigencias contenidas en las garantías materiales de la inmunidad e inviolabilidad al presupuesto procesal del aforamiento, permite a la Sala de lo Penal del T.S. que pueda revisar el contenido del suplicatorio, con una particularidad y es la de que el cumplimiento de una regla de "orden público", como lo es la competencia objetiva, va a depender de un factor externo e incontrolable por las Cámaras, cual es el tiempo en el que se produzca el hecho punible (así, si el supuesto delito se comete al principio del mandato parlamentario, es probable que, de ese hecho, conozca el T.S., en tanto que si sucede durante los últimos meses de dicho mandato entenderá el Juez natural) o que el T.S., no obstante el suplicatorio, entienda, una vez expirado el mandato, que el hecho está o no "directamente relacionado con el ejercicio de la función pública inherente al cargo representativo", lo que no debiera suceder nunca, pues, en tal caso, el T.S. se arrogaría funciones parlamentarias, al tener que decidir sobre el contenido del suplicatorio, pudiendo originar un conflicto constitucional entre ambos Poderes del Estado.»

A modo de sentencia final, estamos convencidos de que los principios básicos relativos a la predeterminación y la garantía al Juez legal no pueden soslayarse: debiera ser nulo cualquier proceso, cualquier actuación de las partes, cualquier inhibición, etc. que contravenga la competencia objetiva y/o funcional predeterminada por la ley antes de la comisión del hecho delictivo. Ojalá no vengan otras instancias jurisdiccionales *supranacionales* a recordárnoslo.

CAPÍTULO V
LA NECESIDAD DE UNA NUEVA REGULACIÓN LEGAL DE LOS AFORAMIENTOS EN ESPAÑA

Como hemos podido comprobar con las lecturas realizadas para la elaboración de este trabajo, todo el mundo, aparentemente, «clama» en favor de una reforma legislativa que clarifique el panorama legislativo y que, como exige la «jurisprudencia», otorgue la seguridad jurídica que, hasta ahora, solo brindan la más que discutible doctrina de la Sala 2ª del TS sobre esta materia.

Sin embargo, y paradójicamente, los distintos intentos prelegislativos de los últimos tiempos, no trazan un camino uniforme ni, lo que es más llamativo, coherente con todos los postulados jurisprudenciales que hemos comentado hasta este momento.

Si dejamos al margen la infructuosa intentona de modificación de la Constitución española, con la finalidad de circunscribir el aforamiento de los Diputados, Senadores y miembros del Gobierno de la nación a los delitos que pudieran cometer en el desempeño de sus cargos públicos[131], podemos centrarnos en los malogrados proyectos de sustitución de la LECRIM de los años 2011, 2013 y, el más reciente, que se está

---

131 *Anteproyecto de reforma de los artículos 71, apartado 3 y 102, apartado 1, de la Constitución española*, de 30 de noviembre de 2018. Disponible en: *www.lamoncloa.gob.es/consejodeministros/referencias/documents/2018/refc20181130e_1.pdf.*

tramitando en esta XIV Legislatura, el de 2020. Veamos las previsiones más importantes de estos textos, en lo concerniente a la competencia jurisdiccional para conocer las causas de los aforados.

1. LOS *AFORADOS* EN LOS INTENTOS INFRUCTUOSOS DE MODIFICACIÓN LEGISLATIVA: EN EL ANTEPROYECTO DE LEY DE ENJUICIAMIENTO CRIMINAL DE 2011 Y EN EL BORRADOR DE CÓDIGO PROCESAL PENAL DE 2013

En los últimos años, Gobiernos de diferente signo han tratado de elaborar una nueva Ley de Enjuiciamiento Criminal, como culminación de un necesario proceso de modernización de nuestras leyes procesales. En concreto, en las postrimerías de la IX Legislatura, bajo un Gobierno socialista, fue aprobado el Anteproyecto de Ley de Enjuiciamiento Criminal de 2011 (ALECRIM 2011). Proyecto que sólo dio tiempo a que pasase la etapa de aprobación por parte del Consejo de Ministros, ya que se disolvieron las Cámaras inmediatamente. En la siguiente Legislatura, la X, ahora con un Gobierno de signo liberal, se aprobó el Borrador de Código Procesal Penal de 2013 (BCPP 2013), que no llegó a convertirse en Anteproyecto debido a que ni siquiera pasó la aprobación del Consejo de Ministros.

Aunque de maneras diversas, ambos textos, al igual que el actual de 2020, propugnaban un cambio radical en el sistema procesal penal español, que podría resumirse en la atribución al MF de la fase de instrucción, con la consiguiente desaparición de la figura del Juez o Magistrado instructor. Esta nueva distribución de funciones entre el Juez y el Fiscal en las fases preparatorias del juicio oral (instrucción y fase intermedia), lógicamente, mediatiza el diseño del papel de la autoridad judicial, que se transforma en mero controlador de la labor del Fiscal (además de defensor de los derechos fundamentales), a través de la figura del Juez o Sala *de Garantías*, o de tamizador de la acusación, a través de la figura del Juez o Sala de la *Audiencia Preliminar*.

1.1. Regulación prevista en el ALECRIM 2011

En el § LXXXII de la Exposición de Motivos del ALECRIM 2011, intitulado "procedimiento contra las personas aforadas", se decía textualmente:

> «Como ya hiciera la propia ley de 1882, se incluyen en el texto procesal las particularidades relativas a las causas contra aforados. En realidad, se pueden acumular las especialidades en dos cuestiones distintas. Por una parte, las implicaciones orgánicas que derivan de la competencia especial de un tribunal situado en la cúspide de la organización judicial de la Comunidad Autónoma –el Tribunal Superior de Justicia– o del propio Estado –el Tribunal Supremo–. Por otro lado, el cauce procedimental que, en los supuestos de causas contra diputados y senadores, debe darse a la correspondiente autorización de las Cámaras.
>
> *En cuanto a la primera cuestión, el escaso número de asuntos y la especial relevancia de la función pública desempeñada por el acusado, ha llevado a arbitrar un órgano judicial de garantías de carácter colegiado que sigue el modelo de la Sala de Cuestiones Preliminares de la Corte Penal Internacional. Se trata de un órgano que ha de desempeñar todas las funciones judiciales de la fase de investigación y de la fase intermedia. Recibe la denominación de Sala de Garantías y estará compuesto por tres magistrados determinados para cada caso en virtud de un turno específico. La especial cautela que supone la colegialidad de criterio permite aunar en este procedimiento las funciones de juicio de acusación y las propias del Juez de Garantías, que están separadas en el modelo general.*
>
> *La competencia de control de la Sala de Garantías se iniciará en dos supuestos alternativos. El primero, cuando desde el mismo inicio del procedimiento éste sólo pueda dirigirse contra el aforado, en cuyo caso el fiscal remitirá el decreto de iniciación al secretario para que se constituya la aludida Sala conforme a las reglas generales relativas al Juez de Garantías. El segundo, cuando tratándose de un procedimiento inicialmente ajeno a sujetos aforados se deba dirigir el procedimiento contra una persona que goce de fuero, en cuyo caso el fiscal remitirá el acta de primera comparecencia celebrada con el aforado a la secretaría del Tribunal, constituyéndose entonces la Sala de Garantías, que sustituirá, desde ese mo-*

mento, al Juez de Garantías al que correspondía inicialmente el control de la investigación.

El enjuiciamiento, por su parte, habrá de producirse ante una Sala formada por cinco magistrados, distintos en todo caso a los que hayan integrado la Sala de Garantías.

En los supuestos de investigaciones contra diputados y senadores debe darse un cauce procedimental específico a la autorización de las Cámaras conocida como suplicatorio. Hay que partir de la total ausencia de valor que caracteriza a la investigación del fiscal en el nuevo modelo. De esta forma, sólo se puede perturbar el ejercicio de la función pública representativa que desarrolla el aforado si se solicita al juez una concreta actividad cautelar o si efectivamente se ejercita la acción penal y se pide la iniciación del verdadero proceso para la imposición de una pena. De ahí que sean estos dos supuestos -de petición de una medida cautelar personal y de formulación de escrito de acusación- los que determinan obligación de recabar el correspondiente suplicatorio del Congreso de los Diputados o del Senado. En estas causas, la Sala de Enjuiciamiento del Tribunal Supremo se constituirá con siete magistrados».

Respecto a las *causas con aforados*, las previsiones más significativas eran las siguientes:

a) *Incompatibilidad del Tribunal del Jurado con el enjuiciamiento de personas aforadas:*

«quedan excluidos de la competencia del Tribunal del Jurado los procesos contra aforados» (artº 15.2 ALECRIM 2011).

b) Competencia por razón de aforamiento:

«1. En los procesos que se sigan contra personas aforadas, los tribunales que resulten competentes por razón del aforamiento del acusado, se constituirán siempre en forma colegiada.

2. En estos supuestos, la Sala de Garantías asumirá las funciones que esta ley atribuye al Juez de Garantías y al Juez de la Audiencia Preliminar.

La Sala de Garantías se constituirá con tres magistrados del tribunal competente para el enjuiciamiento con arreglo a un turno preestablecido.

3. Los magistrados que hayan formado parte de la Sala de Garantías no podrán participar en el enjuiciamiento del hecho.

4. La sala para el enjuiciamiento de los aforados estará constituida al menos por cinco magistrados» (artº 17 ALECRIM 2011).

c) Determinación y efectos de la competencia por razón del aforamiento:

«1. La competencia determinada por razón de la persona investigada o acusada es siempre preferente, cualquiera que sea la gravedad de la conducta atribuida al aforado.

2. Si en una causa aparecen simultáneamente investigadas o acusadas personas sujetas a distintos fueros, todas ellas quedarán sometidas al órgano competente por razón del aforamiento sin que, en ningún caso, pueda dividirse la causa.

En caso de diversidad de aforamientos, será competente el órgano jerárquicamente superior.

3. No obstante, si antes de la apertura del juicio oral deja de dirigirse la investigación o la acusación contra el aforado, se pasarán los autos al tribunal que sea competente» (artº. 18 ALECRIM 2011).

d) Órgano instructor en las causas *con aforamiento:*

«*En los procedimientos que se sigan contra una persona aforada, corresponderá la investigación a la Fiscalía adscrita al tribunal que resulte competente por razón del aforamiento*» (artº. 62.2 ALECRIM 2011).

e) Reglas especiales para Diputados y Senadores:

«*Autorización para el enjuiciamiento*:

1. Antes de dictar el auto de apertura del juicio oral, la Sala de Garantías recabará la autorización del Congreso de los Diputados o del Senado para proceder al enjuiciamiento del aforado.

2. Si la autorización fuera denegada, se archivará la causa respecto del aforado hasta que sea comunicado al tribunal el cese del aforamiento.

3. En ningún caso, el enjuiciamiento podrá tener lugar ante el Tribunal del Jurado» (artº 717 ALECRIM 2011).

Sin lugar a dudas el ALECRIM de 2011 ha sido, hasta el momento, el texto pre-legislativo más completo, más homogéneo y más fiel a los postulados de la «doctrina jurisprudencial» imperante en *ese* momento histórico: deja claro, en dos ocasiones (arts. 15 y 717), que quedan excluidos de la competencia del Tribunal del Jurado los procesos contra aforados; en caso de delitos conexos, si en una causa aparecen simultáneamente investigadas o acusadas personas sujetas a distintos fueros, todas ellas quedarán sometidas al órgano competente por razón del aforamiento sin que, en ningún caso, pueda dividirse la causa (artº. 18.2.I); en caso de diversidad de aforamientos, atraerá la causa, el órgano jurisdiccional más importante (art. 18.2.II); la fijación del "*dies a quo*" de la perpetuación de la competencia en el momento de la apertura del juicio oral (art1. 18.3).

Sin embargo, no regulaba otras muchas cuestiones controvertidas, como la *adquisición sobrevenida* de la condición de aforado durante el juicio oral; la necesidad de que el Fiscal instructor elevara, al igual que se exige al Juez de Instrucción, "exposiciones razonadas" a la autoridad judicial superior en ese momento procesal; la compatibilidad o no de los aforamientos con las faltas (ahora, delitos leves); los aforamiento y los juicios rápidos; los supuestos de intervención, simultánea, de dos o más fiscalías investigando el mismo asunto, etc.

1.2. Regulación prevista en el BCPP 2013

El Borrador de 2013, partiendo de las nuevas bases orgánicas delineadas por su texto antecesor de 2011, atribuía también, con carácter general, la competencia objetiva para conocer de los asuntos penales a los novedosos Tribunales de Juicio, enmarcados en los Tribunales de Instancia provinciales, salvo como veremos ahora, para el enjuiciamiento de aforados (TSJ y TS). Igualmente se mantenía la idea de que la fase de investigación del proceso penal pasara a manos del Fiscal, con la aparición de la figura del Juez o Tribunal de Garantías, como órgano que, unas veces autoriza las medidas invasivas de derechos fundamentales solicitadas por el Fiscal y, con carácter permanente, se erige en el controlador del correcto desarrollo de la instrucción.

Una de las principales críticas del Informe del CGPJ al Anteproyecto de Ley Orgánica de reforma de la LOPJ, que acompañaba al BCPP, se refería a la novedosa posibilidad de una instrucción colegiada en el seno de los Tribunales provinciales de instancia, por chocar con las exigencias del artº 117 CE[132]. Y algunos vocales del CGPJ, en un duro voto particular concurrente al informe, llegan a afirmar, no desprovistos de razón, que «el nuevo diseño que se propone tiene un alcance no únicamente organizativo. Se trata de un modelo que reduce elementos sustanciales y garantías básicas de la independencia de cada juez o tribunal: la inamovilidad y la predeterminación legal del órgano para conocer de cada caso concreto»[133].

Rastreando el texto del BCPP 2013, encontramos las siguientes previsiones específicas sobre las *causas contra aforados*:

a) *Respecto a la inexistencia de doble instancia en algunas causas contra aforados:*

> «Todas las sentencias penales podrán ser revisadas por un Tribunal superior a través del recurso de apelación legalmente establecido, salvo las excepciones previstas por la Ley en las causas contra aforados» (artº 15 BCPP).

132 «28. Sin embargo, consideramos que la instrucción colegiada no es una respuesta adecuada a estos objetivos, constituyendo un sistema disfuncional para una adecuada y ágil instrucción penal.

29. La agilidad que debe presidir la instrucción criminal se compagina mal con un sistema de colegio, que hará necesaria la presencia de, al menos, tres jueces para realizar todas las diligencias de instrucción y para adoptar las resoluciones, previa su deliberación. El sistema colegial por su propia naturaleza es, en principio, más lento, por lo que no parece que sea idóneo para lograr una instrucción más rápida. Es impensable que la instrucción colegiada pueda equipararse a un equipo de investigación, en el que cada uno de los miembros del Tribunal se encargue principalmente de un aspecto de la investigación, que solo podría tener lugar con una organización jerarquizada, que choca frontalmente con las garantías del artículo 117 CE [...]. Vid. Informe CGPJ (Pleno), aprobado en sesiones de 26 y 27 de junio de 2014, pg. 168. (Disponible en: https://www.poderjudicial.es/cgpj/es/Poder-Judicial/Consejo-General-del-Poder-Judicial/Actividad-del-CGPJ/Informes/Informe-al-Anteproyecto-de-Ley-Organica-del-Poder-Judicial)

133 *Ibídem*.

b) Sobre los Tribunales penales:

«1.- La jurisdicción penal será ejercida por los Tribunales previstos en la Ley Orgánica del Poder Judicial, sin perjuicio de la organización propia de la jurisdicción militar.

2.- Los Tribunales de Garantías de los Tribunales de Instancia y de la Audiencia Nacional se constituirán con un Magistrado. En los procesos relativos a aforados los órganos judiciales competentes se constituirán con un Magistrado que actuará como Tribunal de Garantías.

[…]

6.- *Para el enjuiciamiento de los aforados las Salas de lo Civil y Penal de los Tribunales Superiores de Justicia se constituirá con tres Magistrados como Tribunal de Juicio y con tres Magistrados como Tribunal de Apelación contra las resoluciones del Tribunal de Garantías.*

7.- *Para el enjuiciamiento de los aforados la Sala de lo Penal de Tribunal Supremo se constituirá con cinco Magistrados como Tribunal de Juicio y con tres Magistrados como Tribunal de Apelación contra las resoluciones del Tribunal de Garantías.*

8.- Las Salas de Apelación de los Tribunales de Instancia, Tribunales Superiores de Justicia y de la Audiencia Nacional se constituirán con tres Magistrados.

9.- La Sala de lo Penal del Tribunal Supremo, para el conocimiento de los recursos de casación y revisión, se constituirá con cinco Magistrados después de la admisión del recurso y con tres antes. Para el conocimiento de los recursos de apelación frente a las sentencias dictadas en primera instancia por las Salas de lo Civil y Penal de los Tribunales Superiores de Justicia se constituirá con cinco Magistrados […]» (artº 25 BCPP).

c) Sobre la competencia objetiva para el enjuiciamiento en primera instancia:

«1.- Son competentes para el enjuiciamiento de los delitos en primera instancia los Tribunales de Juicio Unipersonales y Colegiados de los Tribunales de Instancia, los Tribunales de Juicio Unipersonales y Colegiados de la Audiencia Nacional y el Tribunal del Jurado.

2.- De conformidad con lo previsto por la Ley Orgánica del Poder Judicial son competentes para el enjuiciamiento en primera instancia de personas aforadas las Salas de lo Civil y Penal de los Tribunales Superiores de Justicia y la Sala de lo Penal del Tribunal Supremo.

3.- La competencia por razón del aforamiento es preferente respecto a la competencia por razón de la materia y de la gravedad del delito» (artº 30 BCPP).

d) Competencia del Tribunal del Jurado:

«[…]

5.- Quedan excluidos de la competencia del Tribunal del Jurado los delitos atribuibles a la Audiencia Nacional y los que hayan de ser enjuiciados por la Sala de lo Penal del Tribunal Supremo o por las Salas de lo Civil y Penal de los Tribunales Superiores de Justicia en razón del aforamiento del encausado» (artº 32 BCPP).

e) Atribuciones del Tribunal de Garantías:

«1.- *Durante la fase de investigación del delito el conocimiento de la causa corresponde al Tribunal de Garantías del Tribunal de Instancia, de la Audiencia Nacional, de la Sala de lo Civil y Penal del Tribunal Superior de Justicia o de la Sala de lo Penal del Tribunal Supremo, según corresponda.*

2.- *No obstante, en los procesos contra aforados la competencia para resolver sobre la inscripción de la causa la ostentará el Tribunal de Juicio»* (artº 38 BCPP).

f) Declaración ante el Fiscal instructor de Diputados y Senadores:

«1.- *La citación de Diputadores y Senadores como encausados sólo podrá efectuarse si el Tribunal de Garantías accede a ella, por entender que concurren motivos legales para acordarla y el Congreso o el Senado concede autorización o el Diputado o Senador solicita comparecer voluntariamente para declarar como encausado.*

2.- *La autorización de la Cámara respectiva se solicitará por el Tribunal de Garantías mediante suplicatorio, al que se adjuntará el auto de inscripción de la causa, la solicitud de citación del Ministerio Fiscal y el auto accediendo a ella»* (artº 262 BCPP).

g) Tribunales con competencia funcional para conocer los recursos de apelación contra Autos:

«[…]

4.- *La Salas de lo Civil y Penal de los Tribunales Superiores de Justicia constituidas como Tribunal de Apelación frente a los autos dictados por el Tribunal de Garantías en las causas contra aforados.*

5.- *La Sala Segunda del Tribunal Supremo constituida como Tribunal de Apelación respecto a los dictados por el Tribunal de Garantías de la misma Sala*» (artº 580 BCPP).

h) Sentencias recurribles en apelación:

«*Serán recurribles en apelación todas las sentencias dictadas por los Tribunales de Juicio de los Tribunales de Instancia y de la Audiencia Nacional y por el Magistrado-Presidente del Tribunal del Jurado, así como las sentencias dictadas por las Salas de lo Civil y Penal de los Tribunales Superiores de Justicia en las causas contra aforados*» (artº 587 BCPP).

i) Tribunales con competencia funcional para conocer los recursos de apelación contra sentencias:

«Son competentes para el conocimiento de los recursos frente a las sentencias:

[…]

3º.- La Sala de lo Penal del Tribunal Supremo respecto a las sentencias dictadas en primera instancia por las Salas de lo Civil y Penal de los Tribunales Superiores de Justicia en las causas contra aforados» (artº 588 BCPP).

Como vemos, la proyectada y «non nata» (por ventura) reforma de 2013 era más parca que su antecesora, y realmente no incidía en las cuestiones más controvertidas sobre esta materia, más allá de acompasar la nueva orgánica jurisdiccional (Fiscal instructor, Tribunales de Garantía, y posibilidad de recurso de algunas resoluciones interlocutoria); sin embargo, no perdía la ocasión para reafirmar la idea de que el Tribunal del Jurado no podía conocer de las causas con aforados. En definitiva, a nuestro juicio, se desaprovechaba otra ocasión idónea para poner orden en la tantas veces criticada inseguridad jurídica generada por la dispersa normativa vigente sobre la materia.

2. EL ANTEPROYECTO DE LECRIM 2020

El Ministerio de Justicia, en otoño de 2020, nos presentó un nuevo Anteproyecto de texto articulado de una nueva Ley de Enjuiciamiento Criminal (ALECRIM 2020), en cuyo Libro VIII, bajo la rúbrica, "De los procedimientos especiales", incorpora un Título III (arts. 808 a 817), intitulado "El procedimiento contra personas aforadas" que, lógicamente, se asienta en una distribución competencial regulada previamente, en los artículos 35 y 36, dedicados a la competencia objetiva para conocer las causas con aforados. Por desgracia, el texto de 2020 no innova nada, ni aborda ninguno de los problemas básicos que plantea el aforamiento, salvo seguir permitiendo el "peregrinaje" de la causa de un tribunal a otro hasta la apertura del juicio oral ("si antes de la apertura del juicio oral deja de dirigirse el procedimiento contra la persona aforada, se pasarán los autos al tribunal que sea competente", reza el proyectado art. 36).

En efecto, a nuestro juicio el prelegislador de 2020 ha demostrado, con carácter general, si atendemos a las críticas generalizadas que está recibiendo[134], que es el menos imaginativo de los tres intentos recientes de modificación del sistema procesal penal en España y, en concreto, la regulación de los aforamientos no podía escapar tampoco a la censura de la doctrina.

La propia Exposición de Motivos nos indica que se trata de "un toma de aquí y de allá" (del ALECRIM de 2011 y del BCPP 2013), para componer un bosquejo normativo inane en materia de aforados, que se limita a adaptar las implicaciones orgánicas que derivan de la competencia especial de un tribunal situado en la cúspide de la organización

134 *Cfr.* AA.VV., *Reflexiones en torno al Anteproyecto de la Ley de Enjuiciamiento Criminal de 2020* (Dir. JIMÉNEZ CONDE, F. y FUENTES SORIANO, O.), Valencia, Tirant lo Blanch, 2022.

judicial del Estado –el Tribunal Supremo– o de la Comunidad Autónoma –el Tribunal Superior de Justicia–, a la distribución de funciones entre el Fiscal Instructor, el Juez de Garantías, el Juez de la Audiencia Preliminar y la Sala de Enjuiciamiento del TS o del TSJ.

> «Como ya hiciera la propia ley de 1882, se incluyen en el texto procesal las particularidades relativas a las causas contra aforados. En realidad, se pueden acumular las especialidades en dos cuestiones distintas. Por una parte, las implicaciones orgánicas que derivan de la competencia especial de un tribunal situado en la cúspide de la organización judicial de la Comunidad Autónoma –el Tribunal Superior de Justicia– o del propio Estado –el Tribunal Supremo–. Por otro lado, el cauce procedimental que, en los supuestos de causas contra diputados y senadores, debe darse a la correspondiente autorización de las Cámaras.
>
> *En cuanto a la primera cuestión, se opta, frente al Anteproyecto de 2011, por ajustar el procedimiento al modelo general de doble juez, lo que permite superar la irrecurribilidad que el citado texto pre-legislativo establecía en relación con todas las decisiones adoptadas en la fase de investigación y la fase intermedia. Se crea, a estos efectos, una Sala de Recursos, compuesta por tres magistrados, a la que se atribuye la competencia para conocer de los recursos de reforma y apelación previstos en el procedimiento general. Se asegura, de esta forma, la posibilidad de que sean revisadas decisiones tan relevantes como la prisión provisional. Se cumple, con ello, con la exigencia derivada del artículo 5.4 CEDH, a la que ya se hizo mención al exponer el régimen de las medidas cautelares. El enjuiciamiento del delito habrá de producirse, a su vez, ante una Sala formada por cinco magistrados, distintos en todo caso a los que hayan actuado como jueces de garantías o de la audiencia preliminar o haya formado parte de la Sala de Recursos.*
>
> *En los supuestos de investigaciones contra diputados y senadores debe darse un cauce procedimental específico a la solicitud de autorización de las Cámaras conocida como suplicatorio. Hay que partir de la total ausencia de valor que caracteriza a la investigación del fiscal en el nuevo modelo. De esta forma, solo se puede perturbar el ejercicio de la función pública representativa que desarrolla la persona aforada si se solicita al juez una concreta actividad cautelar o si efectivamente se ejercita la ac-*

ción penal y se pide la iniciación del verdadero proceso para la imposición de una pena. De ahí que sean estos dos supuestos -de petición de una medida cautelar y de formulación de escrito de acusación- los que determinan obligación de tramitar el correspondiente suplicatorio ante el Congreso de los Diputados o el Senado. En estas causas, la Sala de Enjuiciamiento del Tribunal Supremo se constituirá con siete magistrados.

Finalmente, se toma de la Propuesta de Código Procesal Penal de 2013 la posibilidad de recurrir en apelación, ante el Tribunal Supremo, las sentencias de instancia de los Tribunales Superiores de Justicia recaídas en los procesos de aforados, dando así plenitud, en dicho ámbito, al derecho a la doble instancia» (§ LXXXVI de la Exposición de Motivos del ALECRIM 2011: *Procedimiento contra personas aforadas*).

Es cierto que la atribución de la instrucción penal a la Fiscalía puede eliminar algunos problemas relativos a la competencia funcional para conocer de la fase de instrucción, aunque no todos, porque la exigencia de que «instruya y enjuicie el TS» puede plantear algún problema, no sólo de posible inconstitucionalidad, porque atribuye a quienes no pertenecen al Poder Judicial funciones jurisdiccionales, sino respecto a la distribución de competencias entre la Fiscalía ante el TS y las Fiscalías ordinarias (¿habrá que manejar el concepto de Fiscalía «predeterminada por la Ley»?, ¿podemos correr el peligro de que la Fiscalía del TS devuelva sistemáticamente la instrucción de la causa a las Fiscalías inferiores hasta que éstas eleven una convincente "*Exposición razonada*"?).

Pero al margen de la creación de la figura del Ministerio Fiscal instructor, y alguna cuestión de escasa relevancia [como es la invención de una Sala de Recursos en el TS, compuesta por tres magistrados, a la que se atribuye la competencia para conocer de los recursos de reforma y apelación previstos en el procedimiento general para todas las resoluciones adoptadas durante la instrucción y la fase intermedia por el *Juez de Garantías* o por el *Juez de la Audiencia Preliminar*, respectivamente (art. 35. 2 ALECRIM 2020); o que la Sala de Enjuiciamiento del Tribunal Supremo se constituirá con siete magistrados para juzgar a Diputados o Senadores (artº 817 ALECRIM 2020); o que los magistrados que hayan actuado como *Juez de Garantías* o Juez de la Audiencia Preliminar o que hayan formado parte de la Sala de Recursos no podrán participar en el enjuiciamiento posterior del hecho (artº 810.4 ALECRIM 2020)], el ALECRIM 2020 no aborda ninguna reforma que aclare nada respecto a aspectos tan importantes como las siguientes: a) reglas para los casos en que concurran en un mismo procedimiento sujetos aforados y no aforados (¿unidad o escisión y determinación de la competencia cuando el proceso sea inescindible'); b) reglas de determinación de la competencia cuando en el curso del juicio oral el acusado adquiere su condición privilegiada; c) regla inequívoca para determinar el «*dies a quo*» de la «*perpetuatio iurisdictionis*»; d) especialidades respecto a la actuación, simultánea, de distintas Fiscalías.

Tan sólo parece quedar claro que la asunción de la competencia de la Sala 2ª del TS es «automática», en cuanto haya una denuncia, atestado o querella directa contra un aforado, o cuando en el curso de un procedimiento de investigación, que inicialmente no se haya dirigido contra una persona aforada, resulten indicios que permitan atribuirle la realización del hecho punible. En estos casos, el fiscal practicará con ella la primera comparecencia, remitiéndola a la Sala competente por razón del aforamiento.[135]

¿Tanto clamor de reforma exigido por el TS, por el TC, por el propio Consejo de Estado, por el CGPJ, para esto[136]?, ¿por qué tan escaso

---

135 Artículo 809 del ALECRIM 2020. *Inicio del procedimiento*

"*1. Cuando en virtud de denuncia o atestado llegue a conocimiento del fiscal la noticia de la comisión de una infracción penal cometida por una persona aforada, dictará un decreto acordando iniciar el procedimiento de investigación, que remitirá a la Sala competente por razón del aforamiento.*

2. Cuando en el curso de un procedimiento de investigación que inicialmente no se haya dirigido contra una persona aforada resulten indicios que permitan atribuirle la realización del hecho punible, el fiscal practicará con ella la primera comparecencia, remitiéndola a la Sala competente por razón del aforamiento.

3. En los casos de delitos de injuria o calumnia contra particulares, la querella del acusador privado se dirigirá directamente a la Sala competente por razón del aforamiento."

136 Vid., por todas, la STS, 2ª, núm. 869/2014, de 10 de diciembre; STC 22/1997, de 11 de febrero, Ftos. Jdcos. 7 y 8; Vid. Informe del Consejo de Estado, de 15 de noviembre de 2018, con motivo de la *non nata* reforma de los aforamientos constitucio-

interés del prelegislador en solucionar los problemas y dudas suscitados a lo largo de tanto tiempo sobre los aspectos competenciales en los casos penales con aforados?

¿No será que el prelegislador es consciente de que la jurisprudencia del TS no cohonesta bien con el núcleo esencial del artº. 24.2 CE, esto es, con la *garantía-derecho fundamental* al juez *predeterminado* por la ley?

3. UNA BREVE CONCLUSIÓN: LIBERTAD DEL LEGISLADOR, PERO RESPETO ABSOLUTO A LA PREDETERMINACIÓN LEGAL DEL JUEZ

Como hemos intentado demostrar a lo largo de este trabajo, sería bueno que el TS rectificara pronto y abandonara esa caracterización «meramente funcional» del aforamiento, por cuanto su doctrina está desactivado las exigencias constitucionales de la *predeterminación* legal del juez.

El TS en algún momento debe recapacitar y detener esa especie de "huida hacia adelante", consistente en ir generando una doctrina ahormada a los intereses exclusivos de los aforados constitucionales. Verdaderamente es posible y necesario hacerlo. Caben otras interpretaciones más respetuosas con la letra y el espíritu de la predeterminación legal del juez, del principio de igualdad y de la seguridad jurídica.

Cabría, por ejemplo, ¿por qué no?, interpretar nuestra legislación actual de la siguiente manera, a la misma luz constitucional que invoca el TS para llegar a las conclusiones contrarias: a) que el Tribunal del Jurado se pudiera constituir en el seno de la Sala 2ª del TS para enjuiciar los delitos asignados al Jurado, cuando fueran cometidos por Diputados y Senadores; b) que se equipare el estándar de imputación formal que se exige para los aforados con la imputación formal que se aplica al resto

---

nales, a través de una nueva redacción de los artículos 71 y 102 de la CE, pg. 44; Idem. Informe CGPJ, de 20 de diciembre de 2018, pg. 17.

de ciudadanos; c) que la perpetuación de la competencia de los tribunales que deben conocer de las causas especiales de los aforados debe ser absoluta: una vez que se ha determinado la competencia con arreglo a la norma *predeterminante*, ésta ya no admite derogación alguna –ni por hechos, ni por normas sobrevenidas–, de tal manera que ya no se puede sustraer el conocimiento del tribunal especial si el delito fue cometido por un "aforado". *Sensu contrario*, si la infracción fue cometida «antes» de la adquisición de la condición de aforado, la posterior investidura no debiera afectar a la competencia objetiva predeterminada, por lo que debería enjuiciar el Juez «ordinario» y no el especial. Cuestión distinta, en este último supuesto, es que sea siempre necesario solicitar el suplicatorio a la Cámara correspondiente, por conducto de la Sala 2ª del TS, si de un Diputado o Senador se trata.

El camino va a ser arduo y difícil. La naturaleza humana va a dificultar la rectificación de los magistrados del TS (y del TC, aunque estos, al menos, comprobamos ya vienen silenciando la STC 22/1997[137]). La mejor solución sería, sin duda, que de una vez por todas se abordase una reforma legislativa, sin esperar a la entrada en vigor de una nueva LECRIM, que aclarara, sin necesidad de reforma constitucional ninguna, cuál es el momento de la «perpetuación de la jurisdicción penal», con arreglo al espíritu (y a la letra) del artº. 24.2 CE.

Sobre esto último, y para finalizar, sólo me permito recordarle al prelegislador, por enésima vez, la *exigencia constitucional* de que debe pensar en un verdadero juez *predeterminado* (y no simplemente «postdeterminado»); es decir, la determinación tiene que ser previa a «algo», y ese algo (ese «dies a quo»), en buena técnica jurídica, sólo puede referirse a alguno de estos dos momentos: 1) el comienzo del proce-

---

137 Aunque pareciera que el TC está variando su jurisprudencia: en la muy reciente STC nº 34/2021, de 17 de febrero (recurso de amparo de la condenada por desobediencia en el caso del Procés, Meritxell Borràs i Solé), no menciona la STC nº 22/1997, de 11 de febrero, hasta ahora la STC más citada en esta materia de prerrogativas parlamentarias (la del voto particular de nuestro añorado Vicente Gimeno Sendra).

so; 2) el acaecimiento de los hechos (momento de la comisión del delito), aunque a nosotros nos convence más esta segunda opción.

Conviene traer a colación, de nuevo, la sabia interpretación del TC sobre el artº 24.2 CE, en lo concerniente a la predeterminación legal del Juez: «[…] *A tenor de dicha doctrina, hemos reiterado que su contenido exige, en primer término, que el órgano judicial al que se atribuye un asunto litigioso haya sido creado previamente por la norma jurídica, que ésta le haya investido de jurisdicción y competencia con anterioridad al hecho motivador de la actuación o proceso judicial y que su régimen orgánico y procesal no permita calificarle de órgano especial o excepcional. La generalidad y la abstracción de los criterios legales de atribución competencial garantiza la inexistencia de Jueces ad hoc*[…]» (STC nº 34/2021, de 17 de febrero).

De no cambiar el rumbo jurisprudencial en esta materia, seguiremos asistiendo a acontecimientos judiciales incomprensibles, al menos desde postulados jurídico-procesales, de aforamientos y desaforamientos sobrevenidos, que darán lugar a nuevos cambios de tribunal enjuiciador durante un proceso, en asuntos tan sensibles, por ejemplo, como el de la sedición en Cataluña de 2017.

Sin olvidar, por supuesto, que estos vaivenes competenciales están siendo analizados por observadores internacionales y, lo que es más grave, en su día serán estudiados por los magistrados del Tribunal Europeo de Derecho Humanos, quienes van a tener encima de la mesa, durante varios años, los recursos que han ido interponiendo hasta ahora, y que a buen seguro continuarán haciendo en un futuro próximo, bastantes de los protagonistas del «*Procés*» catalán, los cuales están invocando, entre otros argumentos, precisamente, lo que entienden como vulneraciones del derecho al juez predeterminado por la ley (art. 24.2 CE) por parte del TS.

ANEXO NORMATIVO
(aforamiento de Diputados y Senadores)

***Constitución española (CE)*:**

–Artículo 24.2:

«[…]

2. Asimismo, todos tienen *derecho al Juez ordinario predeterminado por la ley*, a la defensa y a la asistencia de letrado, a ser informados de la acusación formulada contra ellos, a un proceso público sin dilaciones indebidas y con todas las garantías, a utilizar los medios de prueba pertinentes para su defensa, a no declarar contra sí mismos, a no confesarse culpables y a la presunción de inocencia […]».

–Artículo 71. Apartados 2 y 3:

«[…]

2. Durante el período de su mandato los Diputados y Senadores gozarán asimismo de inmunidad y sólo podrán ser detenidos en caso de flagrante delito. *No podrán ser inculpados ni procesados sin la previa autorización de la Cámara respectiva.*

3. *En las causas contra Diputados y Senadores será competente la Sala de lo Penal del Tribunal Supremo*».

***Ley Orgánica del Poder Judicial (LOPJ)*:**

–Artículo. 57.1.2º y 2:

«1. *La Sala de lo Penal del Tribunal Supremo conocerá*:

[…]

2.º De la instrucción y enjuiciamiento de las causas contra […], *Diputados y Senadores* […]».

2. En las causas a que se refieren los números segundo y tercero del párrafo anterior *se designará de entre los miembros de la Sala, conforme a un turno preestablecido, un instructor, que no formará parte de la misma para enjuiciarlas*».

–Artículo 73.3. a) y 4:

«3. La Sala de lo Civil y Penal del TSJ, en cuanto sala de lo Penal conocerá:

a) Del conocimiento de las causas penales que los *Estatutos de Autonomía* reservan al conocimiento de los Tribunales Superiores de Justicia».

[…]

«4. Para la instrucción de las causas a que se refieren los párrafos a) y b) del apartado anterior *se designará de entre los miembros de la Sala, conforme a un turno preestablecido, un instructor que no formará parte de la misma para enjuiciarlas.*

En las causas por delitos atribuidos a la Fiscalía Europea, se designará de entre los miembros de la Sala, conforme a un turno preestablecido, *un Juez de garantías* que no formará parte de la misma para enjuiciarlas[138]».

---

138 Párrafo segundo añadido al apartado 4 por la Disposición final 2.5 de la Ley Orgánica 9/2021, de 1 de julio, de aplicación del Reglamento (UE) 2017/1939 del Consejo, de 12 de octubre de 2017, por el que se establece una cooperación reforzada para la creación de la Fiscalía Europea.

***Ley de Enjuiciamiento Criminal* (LECRIM):**

–Artículo 11:

«El conocimiento de las causas por delitos en que aparezcan a la vez culpables personas sujetas a la jurisdicción ordinaria *y otras aforadas* corresponderá a la ordinaria, salvo las excepciones consignadas expresamente en las Leyes respecto a la competencia de otra jurisdicción».

–Artículo 12:

«Sin embargo de lo dispuesto en el artículo anterior, la jurisdicción ordinaria será siempre competente *para prevenir las causas por delitos que cometan los aforados.*

Esta competencia se limitará a instruir las primeras diligencias, concluidas las cuales la jurisdicción ordinaria remitirá las actuaciones al Juez o Tribunal que deba conocer de la causa con arreglo a las Leyes, y pondrá a su disposición a los detenidos y los efectos ocupados.

La jurisdicción ordinaria cesará en las primeras diligencias tan luego como conste que la especial competente instruye causa sobre el mismo delito.

Los autos de inhibición de esta clase que pronuncien los Jueces instructores de la jurisdicción ordinaria son apelables ante la respectiva Audiencia.

Entre tanto que se sustancia y decide el recurso de apelación, se cumplirá lo dispuesto en el artículo 22, párrafo segundo, a cuyo efecto y para la sustanciación del recurso se remitirá el correspondiente testimonio».

– Artículo 13:

«*Se consideran como primeras diligencias la de consignar las pruebas del delito que puedan desaparecer, la de recoger y poner en custodia cuanto conduzca a su comprobación y a la identificación del delincuente, la de detener, en su caso, a los presuntos responsables del delito, y la de proteger a los ofendidos o perjudicados por el mismo, a sus familiares o a otras personas, pudiendo acordarse a tal efecto las medidas cautelares* a las que se refiere el artículo 544 bis o la orden de protección prevista en el artículo 544 ter de esta ley.

En la instrucción de delitos cometidos a través de internet, del teléfono o de cualquier otra tecnología de la información o de la comunicación, el juzgado podrá acordar, como primeras diligencias, de oficio o a instancia de parte, las medidas cautelares consistentes en la retirada provisional de contenidos ilícitos, en la interrupción provisional de los servicios que ofrezcan dichos contenidos o en el bloqueo provisional de unos y otros cuando radiquen en el extranjero[139]».

– Artículo 17:

«1. Cada delito dará lugar a la formación de una única causa.

No obstante, los delitos conexos serán investigados y enjuiciados en la misma causa cuando la investigación y la prueba en conjunto de los hechos resulten convenientes para su esclarecimiento y para la determinación de las responsabilidades procedentes *salvo que suponga excesiva complejidad o dilación para el proceso.*

2. A los efectos de la atribución de jurisdicción y de la distribución de la competencia se consideran delitos conexos:

1.º Los cometidos por dos o más personas reunidas.

2.º Los cometidos por dos o más personas en distintos lugares o tiempos si hubiera precedido concierto para ello.

3.º Los cometidos como medio para perpetrar otros o facilitar su ejecución.

4.º Los cometidos para procurar la impunidad de otros delitos.

5.º Los delitos de favorecimiento real y personal y el blanqueo de capitales respecto al delito antecedente.

6.º Los cometidos por diversas personas cuando se ocasionen lesiones o daños recíprocos.

3. Los delitos que no sean conexos pero hayan sido cometidos por la misma persona y tengan analogía o relación entre sí, cuando sean de la competencia del mismo órgano judicial, podrán ser enjuiciados en la misma causa, a instancia del Ministerio Fiscal, si la investigación y la

---

139 Párrafo segundo añadido, con efectos desde el 7 de octubre de 2022, por la Disposición final 1.1 de la Ley Orgánica 10/2022, de 6 de septiembre, de garantía integral de la libertad sexual.

prueba en conjunto de los hechos resultan convenientes *para su esclarecimiento y para la determinación de las responsabilidades procedentes, salvo que suponga excesiva complejidad o dilación para el proceso*».

– Artículo 118 bis:

«*Del mismo modo que en el artículo anterior se procederá cuando se impute un acto punible contra un Diputado o Senador, los cuales podrán ejercitar su derecho de defensa en los términos previstos en el artículo anterior, y todo ello sin perjuicio de lo previsto en el artículo 71.2 y 3 de la Constitución española*».

– Artículo 272:

«La querella se interpondrá ante el Juez de instrucción competente.

Si el querellado estuviere sometido por disposición especial de la Ley a determinado Tribunal, ante éste se interpondrá la querella.

Lo mismo se hará cuando fueren varios los querellados por un mismo delito o por dos o más conexos y alguno de aquéllos estuviere sometido excepcionalmente a un Tribunal que no fuere el llamado a conocer, por regla general, del delito».

– Artículo 303, V:

«*Cuando el delito fuese por su naturaleza de aquellos que solamente pueden cometerse por Autoridades o funcionarios sujetos a un fuero superior, los Jueces de instrucción ordinarios, en casos urgentes, podrán acordar las medidas de precaución necesarias para evitar su ocultación; pero remitirán las diligencias en el término más breve posible, que en ningún caso podrá exceder de tres días, al Tribunal competente, el cual resolverá sobre la incoación del sumario, y, en su día, sobre si ha o no lugar al procesamiento de la Autoridad o funcionario inculpados*».

–Artículo 750:

«El Juez o Tribunal que encuentre méritos para procesar a un Senador o Diputado a Cortes por causa de delito, se abstendrá de dirigir el procedimiento contra él si las Cortes estuvieren abiertas, *hasta obtener la correspondiente autorización del Cuerpo Colegislador a que pertenezca*».

–Artículo 751:

«Cuando el Senador o Diputado a Cortes fuere delincuente *in fraganti, podrá ser detenido y procesado sin la autorización a que se refiere el artículo anterior; pero en las veinticuatro horas siguientes a la detención o procesamiento deberá ponerse lo hecho en conocimiento del Cuerpo Colegislador a que corresponda.*

Se pondrá también en conocimiento del Cuerpo Colegislador respectivo la causa que existiere pendiente contra el que, estando procesado, hubiese sido elegido Senador o Diputado a Cortes».

–Artículo 752:

«*Si un Senador o Diputado a Cortes fuese procesado durante un interregno parlamentario, deberá el Juez o Tribunal que conozca de la causa ponerlo inmediatamente en conocimiento del respectivo Cuerpo Colegislador.*

Lo mismo se observará cuando haya sido procesado un Senador o Diputado a Cortes electo antes de reunirse éstas».

–Artículo 753:

«En todo caso, se suspenderán por el Secretario judicial[140] los procedimientos desde el día en que se dé conocimiento a las Cortes, estén o no abiertas, permaneciendo las cosas en el estado en que entonces se hallen, hasta que el Cuerpo Colegislador respectivo resuelva lo que tenga por conveniente».

–Artículo 754:

«Si el Senado o el Congreso negasen la autorización pedida, se sobreseerá respecto al Senador o Diputado a Cortes; pero continuará la causa contra los demás procesados».

–Artículo 755:

«La autorización se pedirá en forma de *suplicatorio*, remitiendo con éste, y con el carácter de reservado, el testimonio de los cargos que resulten contra el Senador o Diputado, con inclusión de los dictámenes

140 Ahora, Letrado de la Administración de Justicia.

del Fiscal y de las peticiones particulares en que se haya solicitado la autorización».

–Artículo 756:

«El suplicatorio se remitirá por conducto del Ministro de Gracia y Justicia».

Ley de 9 de febrero de 1912, sobre competencia para conocer de las causas contra Diputados y Senadores[141] («Gaceta de Madrid», nº 41, de 10/2/1912; Texto Consolidado BOE):

«Don ALFONSO XIII, por la gracia de Dios y la Constitución, Rey de España; A todos los que la presente vieren y entendieren, sabed: que las Cortes han decretado y Nós sancionado lo siguiente:

Artículo 1.

Corresponderá a la Sala de lo Criminal del Tribunal Supremo el conocimiento de las causas contra Senadores y Diputados, aun cuando sólo tengan carácter de electos.

De las causas a que se refiere esta Ley conocerá el Consejo Supremo de Guerra y Marina, constituido en Consejo reunido, siempre que concurran todas las circunstancias siguientes:

---

141 Como dijimos *ut supra*, Capítulo II, epígrafe 2, algunos pasajes de la Ley de 1912 han sido derogados tácitamente, unos por no existir desde hace muchísimo tiempo las instituciones a las que se hace referencia, como el *Consejo Supremo de Guerra y Marina* (equivalente remoto a la actual Sala 5ª, de lo Militar, del TS, cuya existencia se circunscribió al período de 1834 hasta 1931) o los *Juzgados de instrucción de Guerra y Marina* (desaparedidos tras la instauración de la II República); otros por establecer preceptos contrarios a la CE de 1978 (Disp. Derog., apartado 3), como los artículos artº. 2º, párrafo II y el artº 10. El primero por establecer que la causa debía ser conocida por el TS en cuanto se tuviera constancia de que una persona había adquirido la condición de Diputado o Senador (contrario a la predeterminación legal del Juez ex artº 24.2 CE); igualmente, cabría reputar inconstitucional el art. 10 de la Ley de 1912, por contravenir el art. 14 CE, por cuanto establecía el privilegio en favor de Diputados y senadores de elegir el órgano competente para enjuiciarles (aunque bien mirado, es lo que está sucediendo en España con los actuales Diputados y Senadores, que se desafueran «a la carta», en muchas ocasiones, para «cambiar de tribunsl».

1.ª Que los Senadores o Diputados contra quienes se proceda fuesen militares o marinos no retirados.

2.ª Que el hecho por el cual haya de perseguírseles esté comprendido en las leyes penales especiales del Ejército o de la Armada.

3.ª Que el procedimiento no se dirija además contra otros Senadores o Diputados ni sobre otros hechos respecto de los cuales tenga competencia la jurisdicción ordinaria.

La competencia de ambos Tribunales se extenderá hasta la conclusión del proceso, con independencia de la vida legal de las Cortes a que pertenecieren los acusados.

Artículo 2.

Si incoado un sumario por un Juez de Instrucción o por un Juzgado instructor de Guerra o Mariana, ya de oficio, ya por denuncia o querella, apareciesen indicios de responsabilidad contra algún Senador o Diputado, tan pronto como fuesen practicadas las medidas necesarias para evitar la ocultación del delito o la fuga del delincuente, se remitirán las diligencias en el plazo más breve posible al Tribunal Supremo o al Consejo Supremo de Guerra y Marina, si procediese con arreglo a lo establecido en el artículo 1.º

Igualmente remitirán los autos que estuvieren instruyéndose contra persona que, hallándose procesada, fuese elegida Senador o Diputado, inmediatamente que tuviere noticia de su proclamación.

En caso de flagrante delito que lleve consigo pena aflictiva, podrá el Juez instructor acordar desde luego la detención del delincuente, dando inmediata cuenta al Tribunal o al Consejo Supremo, el cual comunicará con toda urgencia el caso al Cuerpo Colegislador al que pertenezca el procesado.

Artículo 3.

El Tribunal Supremo o el Consejo Supremo de Guerra y Marina, procederán en los casos que se les atribuyen por la presente Ley, de conformidad a lo prevenido en la Ley de Enjuiciamiento Criminal para la instrucción de las causas que les competen, con arreglo a la misma Ley y a las Orgánicas del Poder Judicial, a lo establecido en el Código de

Justicia Militar y demás disposiciones que regulan el ejercicio de su jurisdicción respectiva.

Artículo 4.

Las denuncias o querellas contra Senadores o Diputados, se formularán ante el Tribunal Supremo o el Consejo Supremo de Guerra y Marina, observándose lo dispuesto en las leyes y disposiciones de procedimiento.

Artículo 5.

Sólo al Tribunal Supremo, o en su caso al Consejo Supremo de Guerra y Marina, corresponde la facultad de pedir autorización al Senado o al Consejo para procesar a un Senador o Diputado.

Al efecto, dirigirá suplicatorio al Cuerpo Colegislador correspondiente, acompañando testimonio de las actuaciones que estime necesarias y del dictamen Fiscal, si lo hubiere.

El Tribunal Supremo o el Consejo Supremo de Guerra y Marina, en los respectivos casos, resolverán lo que proceda, según las leyes, acerca de la prisión de los Senadores y Diputados sorprendidos en flagrante delito y contra los cuales se hayan incoado diligencias.

Artículo 6.

Mientras que el Senado o el Congreso no resuelvan sobre la autorización pedida, se suspenderán las diligencias de las causas, excepto las encaminadas a la reforma de los autos y providencias en que con anterioridad se hubiese acordado la detención, prisión o procesamiento.

La suspensión de las diligencias sólo se aplicará a aquellas que afecten al Senador o Diputado a quien se refiera la autorización solicitada.

Artículo 7.

Si el Senado o el Congreso denegase la autorización para procesar, se comunicará el acuerdo al Tribunal requirente, que dispondrá el sobreseimiento libre, respecto al Senador o Diputado. Si la autorización fuese concedida, continuará el procedimiento hasta que recaiga resolución o sentencia firme, aun cuando antes de dictarla fueren disueltas las Cortes a que perteneciere el Senador o Diputado objeto del suplicatorio.

Artículo 8.

Negada por el Senado o el Congreso la admisión como Senador o Diputado de la persona a quien se refiera un suplicatorio, el Presidente de la Cámara lo comunicará al Tribunal Supremo o al Consejo Supremo de Guerra y Marina, para que éste remita la causa al Juez o Tribunal competente, con arreglo a derecho, y prosiga la sustanciación que proceda.

Artículo 9.

Las providencias o autos de detención, arresto, prisión o procesamiento, dictadas contra un Senador o Diputado por el Tribunal Supremo o el Consejo Supremo de Guerra y Marina, en uso de la jurisdicción que les atribuye la presente Ley y con sujeción a las reglas que la misma establece, así como las de reforma o revocación de dichas providencias o autos, serán comunicadas al Cuerpo Colegislador a que corresponda la persona objeto de las mismas.

Artículo 10.

Los preceptos de la presente ley regirán desde la fecha de su promulgación, aplicándose a los procesos en curso contra Senadores y Diputados, salvo que el Senador o Diputado comprendido en el procedimiento reclame ser juzgado por el Juez o Tribunal competente, con arreglo a las leyes o disposiciones que vinieran rigiendo antes de dicha fecha. A fin de que este derecho pueda ejercitarse, el Juez o Tribunal que conozca de las causas pendientes dará audiencia, por el término de cinco días, al Senador o Diputado de quien se trate para que manifieste si opta por seguir en la misma jurisdicción, entendiéndose que de no hacerlo expresamente queda sometido a la nueva ley.»

[...]

Reglamento del Congreso, de 10 de febrero de 1982[142] (_De las prerrogativas parlamentarias de los Diputados_):

- Artículo 10:

 «Los Diputados gozarán de inviolabilidad, aun después de haber cesado en su mandato, por las opiniones manifestadas en el ejercicio de sus funciones».

- Artículo 11:

 «Durante el período de su mandato, los Diputados gozarán asimismo de inmunidad y sólo podrán ser detenidos en caso de flagrante delito. No podrán ser inculpados ni procesados *sin la previa autorización del Congreso*».

- Artículo 12:

 «El Presidente del Congreso, una vez conocida la detención de un Diputado o cualquiera otra actuación judicial o gubernativa que pudiere obstaculizar el ejercicio de su mandato, adoptará de inmediato cuantas medidas sean necesarias para salvaguardar los derechos y prerrogativas de la Cámara y de sus miembros».

- Artículo 13:

 «1. *Recibido un suplicatorio*, en solicitud de la autorización del Congreso a que se refiere el artículo 11, el Presidente, previo acuerdo adoptado por la Mesa, lo remitirá, en el plazo de cinco días, a la Comisión del Estatuto de los Diputados. *No serán admitidos los suplicatorios que no fueren cursados y documentados en la forma exigida por las leyes procesales vigentes.*

 2. La Comisión deberá concluir su trabajo en el plazo máximo de treinta días tras la audiencia del interesado. La audiencia podrá evacuarse por escrito en el plazo que la Comisión fije u oralmente ante la propia Comisión.

142 Resolución del Congreso de los Diputados de 24 de febrero de 1982 por la que se ordena la publicación en el «Boletín Oficial del Estado» del nuevo *Reglamento del Congreso de los Diputados* (BOE núm. 55, de 05/03/1982).

3. Concluido el trabajo de la Comisión, la cuestión, debidamente documentada, será sometida al primer Pleno ordinario de la Cámara».

- Artículo 14:

«1. En el plazo de ocho días, contados a partir del acuerdo del Pleno de la Cámara sobre concesión o denegación de la autorización solicitada, el *Presidente del Congreso dará traslado del mismo a la autoridad judicial, advirtiéndole de la obligación de comunicar a la Cámara los Autos y Sentencias que se dicten y afecten personalmente al Diputado.*

2. *El suplicatorio se entenderá denegado si la Cámara no se hubiere pronunciado en el plazo de sesenta días naturales, computados durante el período de sesiones a partir del día siguiente al del recibo del suplicatorio*».

***Reglamento del Senado* de 3 de mayo de 1994[143] (*De las prerrogativas parlamentarias de los Senadores*):**

- Artículo 21:

«Los Senadores gozarán, aun después de haber cesado en su mandato, de inviolabilidad por las opiniones manifestadas en actos parlamentarios y por los votos emitidos en el ejercicio de su cargo».

- Artículo 22:

«1. Durante el período de su mandato, los Senadores gozarán de inmunidad y no podrán ser retenidos ni detenidos salvo en caso de flagrante delito. La retención o detención será comunicada inmediatamente a la Presidencia del Senado.

Los Senadores no podrán ser inculpados ni procesados sin la previa autorización del Senado, solicitada a través del correspondiente suplicatorio. Esta autorización será también necesaria en los procedimientos que estuvieren instruyéndose contra personas que, hallándose procesadas o inculpadas, accedan al cargo de Senador.

---

143 Texto refundido del Reglamento del Senado aprobado por la Mesa del Senado, oída la Junta de Portavoces, en su reunión del día 3 de mayo de 1994 (BOE núm. 114, de 13/05/1994).

2. El Presidente del Senado, una vez recibido el suplicatorio, lo remitirá acto seguido a la Comisión de Suplicatorios, la cual, reclamando, en su caso, los antecedentes oportunos y con audiencia del interesado, deberá emitir dictamen en un plazo máximo de treinta días. El debate del dictamen será incluido en el orden del día del primer Pleno ordinario que se celebre.

3. El Senado se reunirá en sesión secreta para ser informado del dictamen sobre el suplicatorio de que se trate. Se podrá abrir debate relativo a la concesión del suplicatorio, con dos turnos a favor y dos en contra de forma alternativa.

4. *El Presidente del Senado, en el plazo de ocho días, contados a partir del acuerdo de la Cámara, dará traslado del mismo al Tribunal Supremo enviándole copia autorizada de la resolución adoptada.*

5. *El suplicatorio se entenderá denegado si la Cámara no se hubiese pronunciado sobre el mismo en el plazo de sesenta días naturales*, computados durante el período de sesiones, a partir del día siguiente al del recibo del suplicatorio.

6. *Concedido el suplicatorio y firme el auto de procesamiento, la Cámara podrá acordar por mayoría absoluta de sus miembros, y según la naturaleza de los hechos imputados, la suspensión temporal en la condición de Senador.*

La sesión en que la Cámara se pronuncie sobre la procedencia de la suspensión será también secreta, y en ella sólo se admitirán, en forma alternativa, dos turnos a favor y dos en contra, no concediéndose audiencia al Senador interesado.

En el supuesto de suspensión temporal a que este artículo se refiere, la Cámara, en su resolución, podrá acordar la privación de la asignación del Senador implicado hasta su terminación».

Ley Orgánica 5/1995, de 22 de mayo, del Tribunal del Jurado:

– Artículo 1, 3:

«El juicio del Jurado se celebrará solo en el ámbito de la Audiencia Provincial *y, en su caso, de los Tribunales que correspondan por razón del aforamiento del acusado*. En todo caso quedan excluidos de la competencia del Jurado los delitos cuyo enjuiciamiento venga atribuido a la Audiencia Nacional y aquellos cuya competencia haya sido asumida por la Fiscalía Europea[144]».

Ley Orgánica 10/1995, de 23 de noviembre, del Código Penal (Dentro de los delitos contra las instituciones del Estado):

– Artículo 501:

«*La autoridad judicial que inculpare o procesare a un miembro de las Cortes Generales o de una Asamblea Legislativa de Comunidad Autónoma sin los requisitos establecidos por la legislación vigente, será castigada con la pena de inhabilitación especial para empleo o cargo público de diez a veinte años*».

UNIÓN EUROPEA

Protocolo (Nº 7) *sobre los privilegios y las inmunidades de la Unión Europea* (Diario Oficial de la Unión Europea de 26 de octubre de 2012; C 326/1)[145]:

«[…]

Artículo 7

No se impondrá ninguna restricción de orden administrativo o de otro tipo a la libertad de movimiento de los miembros del Parlamento Eu-

144 Precepto modificado por la Disposición final 3 de la Ley Orgánica 9/2021, de 1 de julio, de aplicación del Reglamento (UE) 2017/1939 del Consejo, de 12 de octubre de 2017, por el que se establece una cooperación reforzada para la creación de la Fiscalía Europea.

145 Vid. Sentencia TJUE (Gran Sala), de 19 de diciembre de 2019 (*Asunto Oriol Junqueras Vies; C-502/19*).

ropeo cuando se dirijan al lugar de reunión del Parlamento Europeo o regresen de éste.

En materia aduanera y de control de cambios, los miembros del Parlamento Europeo recibirán:

a) de su propio Gobierno, las mismas facilidades que las concedidas a los altos funcionarios cuando se desplazan al extranjero en misión oficial de carácter temporal;

b) los Gobiernos de los demás Estados miembros, las mismas facilidades que las concedidas a los representantes de Gobiernos extranjeros en misión oficial de carácter temporal.

Artículo 8

Los miembros del Parlamento Europeo no podrán ser buscados, detenidos ni procesados por las opiniones o los votos por ellos emitidos en el ejercicio de sus funciones.

Artículo 9

Mientras el Parlamento Europeo esté en período de sesiones, sus miembros gozarán:

a) en su propio territorio nacional, de las inmunidades reconocidas a los miembros del Parlamento de su país;

b) en el territorio de cualquier otro Estado miembro, de inmunidad frente a toda medida de detención y a toda actuación judicial

Gozarán igualmente de inmunidad cuando se dirijan al lugar de reunión del Parlamento Europeo o regresen de éste.

No podrá invocarse la inmunidad en caso de flagrante delito ni podrá ésta obstruir el ejercicio por el Parlamento Europeo de su derecho a suspender la inmunidad de uno de sus miembros».

BIBLIOGRAFÍA

ARNALDO ALCUBILLA, Enrique, *Las razones del aforamiento,* Madrid, BOE (Colecc. Derecho público), 2021.

CALDERÓN CUADRADO, Mª Pía, *Tribunales superiores… y justicia (Aforamientos, casación y otras cuestiones orgánicas y funcionales de las salas de lo civil y penal),* Valencia, Tirant lo Blanch, 2015.

CHAVES, J.R., «La vivencia de las leyes y vigencia de los juristas», en delajusticia.com. El rincón jurídico de José R. Chaves, 8-7-2022, (https://delajusticia.com/2022/07/08/vigencia-de-las-leyes-y-vigencia-de-los-juristas/).

CHIOVENDA, Giussepe, «Sobre la *perpetuatio iurisdictionis*», en *Ensayos de Derecho Procesal Civil,* Buenos Aires, EJEA,1949, Vol. II (trad. Sentís Melendo).

CHOZAS ALONSO, José Manuel, *La «perpetuatio iurisdictionis», un efecto procesal de la litispendencia,* Granada, Comares, 1995.

CHOZAS ALONSO, José Manuel, «La interrupción de la prescripción de los delitos y faltas: el particular "labyrinthus" del Tribunal Constitucional y el nuevo art. 132.2 del Código Penal», en *Repercusiones sobre el Proceso Penal de la Ley Orgánica 5/2010, de Reforma del Código Penal (Coord. Gascón Inchausti, F.),* Navarra, Aranzadi, 2010.

CHOZAS ALONSO, José Manuel, «¿Hasta cuándo el *peregrinaje* de las causas judiciales de los aforados?», en *Derecho, Justicia, Universidad. Liber Amicorum* de Andrés de la Oliva Santos, Madrid, Editorial U. Ramón Areces, 2016, Vol. I., págs. 779-805.

CUBILLO LÓPEZ, Ignacio J., «Las causas de conexión penal y su aplicación tras la reforma operada por la Ley 41/2015», en Estudios de Deusto. Vol. 65/2, 2017.

CUBILLO LÓPEZ, Ignacio J., «La determinación del órgano competente en el orden penal: algunos problemas pendientes», en *Los sujetos protagonistas del proceso penal* (Coord. CHOZAS ALONSO, J.M.), Madrid, Dykinson, 2015.

DE LA OLIVA SANTOS, Andrés, *La conexión en el proceso penal*, Pamplona, Ed. Universidad de Navarra, 1972.

DE LA OLIVA SANTOS, Andrés, *Los verdaderos tribunales en España: legalidad y Derecho al juez predeterminado por la ley*, Madrid, C.E.R.A., 1992.

DEL MORAL GARCÍA, Antonio, «Incidencia del Código Penal en la competencia objetiva», en *Cuadernos de Derecho Judicial* (Escuela Judicial/CGPJ), Año 1996, Núm. 6 (Dedicado a la Jurisdicción y competencia penal).

DEL MORAL GARCÍA, Antonio, «Repensando los aforamientos», en *Teoría y Derecho. Revista de pensamiento jurídico*, nº 31, 2021 (ejemplar especial dedicado a inviolabilidades, inmunidades y aforamientos), Tirant lo Blanch.

DÍEZ-PICAZO GIMÉNEZ, Ignacio, «El Derecho fundamental al juez ordinario predeterminado por la ley», en *Revista Española de Derecho Constitucional*, Año 11, Núm. 31, Enero-Abril 1991.

DOLZ LAGO, Manuel Jesús, «Aforados», en *Actualidad Jurídica Aranzadi*, núm. 885/2014.

ESPIGADO GUEDES, Diego, «Los privilegios parlamentarios en cuestión. Una revisión de la inmunidad y el aforamiento en el Derecho español», en *Revista Online de Estudiantes de Derecho* (ROED), Universidad Autónoma de Madrid, nº 3 (2013), supervisado por la Profesora Ariza Colmenarejo (UAM).

FOSSAS ESPADALER, Enric, «Legislador y derecho fundamental al juez legal», en Revista *InDret*, nº 2/2016, pg. 9.

GARCÍA DE ENTERRÍA, Eduardo, *La Constitución como norma jurídica y el Tribunal Constitucional*, Madrid, Civitas, 1984.

GARRIDO FALLA, Fernando, *Comentarios a la Constitución*, (con VV.AA.), Madrid, Civitas,1985 (2ª Edic.).

GASCÓN INCHAUSTI, Fernando, «Los procesos especiales en el Anteproyecto de LECRIM de 2020. Particular consideración del proceso por delitos breves», *en Reflexiones en torno al Anteproyecto de la Ley de Enjuiciamiento Criminal de 2020* (Dir. JIMÉNEZ CONDE, F. y FUENTES SORIANO, O.), Valencia, Tirant lo Blanch, 2022, págs. 1389-1436.

GÓMEZ COLOMER, Juan Luis y ESPARZA LEIBAR, Iñaki, *Tratado Jurisprudencial de Aforamientos Procesales*, Valencia, Tirant lo Blanch, 2012.

GÓMEZ COLOMER, Juan Luis, «Privilegios procesales inconstitucionales e innecesarios en la España democrática del Siglo XXI: el sorprendente mantenimiento de la institución del aforamiento», en Teoría y realidad constitucional, nº 38, 2016, págs. 239-275.

GONZÁLEZ-CUÉLLAR SERRANO, Nicolás (con MARCHENA GÓMEZ, Manuel), *La reforma de la Ley de Enjuiciamiento Criminal de 2015*, Madrid, Edit. Castillo de Luna, 2015.

LÓPEZ DE OÑATE, F., *La certezza del diritto*, Milano, Giuffrè, 1968 (2ª Edic.), Coll. «Civiltà del diritto».

LÓPEZ SIMÓ, Francisco, «Comentario al artº 1. Competencia del Tribunal del Jurado», en Comentarios a la Ley del Jurado (VV.AA., Coord. DE LA OLIVA SANTOS, A.), Madrid, Edit. C.E.R.A., 1999.

LUCAS MURILLO, Pablo, «Las garantías parlamentarias en la experiencia constitucional española», en *Revista de las Cortes Generales*, nº 108, Primer semestre (2020).

MARCHENA GÓMEZ, Manuel, «Procesos penales contra aforados», en *Cuestiones de Derecho Procesal Penal* (*Cuadernos de Derecho Judicial*, 1994), págs. 479 y ss.

MARTÍN DE LLANO, Mª. I., «La vigencia de las normas preconstitucionales. La ley de 9 de febrero de 1912», en Aspectos constitucionales y procesales de la inmunidad parlamentaria en el ordenamiento español, Madrid, Dykinson, 2010.

MARTÍNEZ SOSPEDRA, Manuel, *Privilegio discutido. La inmunidad parlamentaria en el Derecho español*, Madrid, Cuadernos del Senado (Serie Minor), 2004.

PÉREZ LUÑO, Antonio E., *La seguridad jurídica,* Barcelona, Ariel, 1991.

RIZO GÓMEZ, Belén, «El derecho al juez ordinario predeterminado por la ley y la predeterminación de la competencia. Principios que deben inspirar toda reforma competencial del sistema judicial español», en *Diario La Ley*, nº 8372, Sección Doctrina, 8 de septiembre de 2014.

RODRÍGUEZ LAINZ, José Luis, «¿Imputado, encausado, investigado o sujeto pasivo del proceso penal?», en *Diario La Ley*, Nº 8520, Sección Doctrina, 16 de abril de 2015, Ref. D-148.

ROMBOLI, Roberto, Voz «Giudice naturale», en *Appendice Novissimo Digesto Italiano*, Vol. III, Turín, 1982.

ROMBOLI, Roberto, *El juez predeterminado por la ley*, Lima, Palestra Editores, 2005.

SÁNCHEZ MELGAR, Julián, «Inmunidad y aforamiento: aspectos procesales», en *Teoría y Derecho. Revista de pensamiento jurídico*, nº 31, 2021 (ejemplar especial dedicado a inviolabilidades, inmunidades y aforamientos), Tirant lo Blanch.

VIADA BARDAJÍ, Salvador, «Inmunidad, impunidad… ¿Justicia?», en *Diario El Mundo*, *Tribuna* del día 20 de octubre de 2014.

PRINCIPAL JURISPRUDENCIA ESTUDIADA

TRIBUNAL EUROPEO DE DERECHOS HUMANOS

TJUE (Gran Sala), de 19 de diciembre de 2019 (Asunto Oriol Junqueras Vies; C-502/19)

TRIBUNAL CONSTITUCIONAL

STC (1ª) 47/1983, de 31 de mayo

STC (2ª) 101/1984, de 8 de noviembre

STC (1ª) 22/1997, de 11 de febrero [(Caso Calero) con los importantes votos particulares que formularon conjuntamente los magistrados Gimeno Sendra y García Manzano]

STC (Pleno) 68/2001, de 17 de marzo (Caso GAL-D. José Barrionuevo Peña)

STC (Pleno) 138/2005, de 26 de mayo

STC (Pleno) 34/2021, de 17 de febrero (Dª Meritxell Borràs i Solé)

STC (Pleno) 25/2022, de 23 de febrero (D. Joaquim Torra i Pla)

STC (Pleno) 45/2022, de 23 de marzo (D. Oriol Junqueras Vies y D. Raúl Romeva Rueda)

STC (Pleno) 46/2022, de 30 de marzo (Dª Dolors Bassa i Coll)

SALA DE LO PENAL (SALA 2ª) DEL TRIBUNAL SUPREMO

ATS (2ª), de 18 de junio de 1997 (Rec. de Cas. 196/1997)

ATS (2ª) 8019/2001, de 5 de diciembre

ATS (2ª) 3874/2006, de 31 de marzo

ATS (2ª) 4141/2009, de 7 de abril

ATS (2ª), de 23 de septiembre de 2010 (Rec. Cas. 20278/2009)

STS (2ª) 2/2011, de 1 de diciembre (Causa Especial nº 3/ 20579/2010)

ATS (2ª) 9984/2012, de 2 de octubre

ATS (2ª) 11010/2012, de 15 de noviembre

ATS (2ª) 12552/2012, de 3 de diciembre

STS (2ª) 1/2013, de 17 de junio de 2013 (Causa Especial nº 3/20794/2012)

STS (2ª) 869/2014, de 10 de diciembre[146]

ATS (2ª), de 13 de noviembre de 2014 (Causa Especial nº 20619/2014; («Caso ERES de Andalucía»*)*

ATS (2ª), de 25 de mayo de 2016 (Causa especial nº 20249/2016; D. Francesc *Homs*)

ATS (2ª), de 20 de diciembre de 2017 (Rec. Cas. 20825/2016)

ATS (2ª), de 8 de enero de 2018, (Rec. Cas. 20484/2017)

ATS (2ª) de 15 de febrero de 2018 (Causa Especial nº 21092/2018)

ATS (2ª) de 9 de julio de 2018 (Causa Especial nº 20907/2017)

STS (2ª) 459/2019, de 14 de octubre (Causa Especial nº 20907/2017*;* «Causa principal del «Procés»)

ATS (2ª) 1802/2020, de 19 de febrero de 2020 (Causa Especial núm. 20011/2020; D. Joan J. Nuet Pujals)

ATS (2ª) de 5 de mayo de 2020 (*Causa Especial 20490/2015)*

---

146 Esta fue la primera sentencia del TS que aplicó el contenido del Acuerdo no jurisdiccional de la Sala 2ª del TS, de 2 de diciembre de 2014: "*en las causas con aforados la resolución judicial que acuerda la apertura del juicio oral constituye el momento en el que queda definitivamente fijada la competencia del tribunal de enjuiciamiento aunque con posterioridad a dicha fecha se haya perdido la condición de aforado*".

ATS (2ª) 11985/2020, de 18 de diciembre de 2020 (Causa Especial nº 20542/2020; querellas contra D. Pedro Sánchez Pérez-Castejón y varios miembros del Gobierno)

ATS (2ª) de 15 de febrero de 2021 (Causa Especial 21092/2018; querella contra S.M.R. D. Juan Carlos de Borbón)

ATS (2ª) 2235/2021, de 9 de marzo de 2021 (Causa Especial nº 20957/2020)

ATS (2ª) 3961/2021, de 24 de abril de 2021 (Causa Especial nº 20954/2019; Dª Laura Borràs i Castenier)

ATS (2ª), de 10 de diciembre de 2021 (*Causa Especial* 20011/2020; D. Joan J. Nuet Pujals)

ATS (2ª), de 12 de abril de 2021 (*Causa Especial* nº 21019/2019; D. Alberto Rodríguez Rodríguez)

STS (2ª) 3258/2022, de 13 de septiembre de 2022, Rec. Cas. nº 601/2020 (Causa principal del «Caso ERES de Andalucía»)

A MODO DE «ADDENDA»: *INASEQUIBLE AL DESALIENTO*

En los últimos años, cada vez que ha salido a la luz pública en los medios de comunicación algún caso llamativo de "peregrinaje" de una causa con aforado de un tribunal a otro, he intentado divulgar el mensaje principal que se mantiene en esta obra: que no nos debemos acostumbrar, aunque nos veamos obligados a tolerarla, a esta situación de desigualdad injustificable que les permite a unos justiciables (los aforados) "elegir" a quienes les van a investigar y a juzgar, mientras que a la inmensa mayoría de nosotros se nos impone, como es lógico, el tribunal que ha de enjuiciar nuestros ilícitos penales, porque es ese, y no otro, el órgano predeterminado por la ley, tal y como exige el artículo 24.2 de la Constitución española. Evidentemente, soy muy consciente de que la interpretación que propongo choca con la adoptada por el TS. Pero no importa, seguimos creyendo que es inconstitucional la visión del Alto Tribunal al permitir que un Diputado o Senador pueda aforarse y desaforarse, a su conveniencia, con los consiguientes cambios de tribunal para instruir, o fallar, la causa, aunque se ponga el límite cronológico de la apertura del juicio oral. Y nos mantendremos en esta posición: *inasequibles al desaliento*…

1. *«El Tribunal Supremo no debería enjuiciar a Rita Barberá»* (Publicado como "*Tribuna*" del diario "El Confidencial", 24/9/2016)[147]

«Desde hace ya bastante tiempo, y no sabemos aún lo que nos queda por ver, estamos asistiendo al lamentable espectáculo que nos deparan los casos judicializados de corrupción política. El caso "Gürtel", el caso "Eres" de Andalucía, el caso "Pretoria", el caso "ITV's", etc., son solo algunos de los nombres con los que se han bautizado estas presuntas tramas que copan, un día sí y otro también, las portadas de los más importantes periódicos y las cabeceras de los telediarios y demás programas informativos. El último de ellos, de notoria repercusión mediática, es el que afecta a la Senadora, por designación de las Cortes Valencianas, Doña Rita Barberá (relacionada con la investigación del procedimiento llamado caso "Taula").

Pues bien, en el caso "Taula", y en otros similares, aparecen implicadas –ahora hay que llamarles "investigadas"– algunas personas que, por el alto cargo público que desempeñan o por ser representantes políticos en el Parlamento de la nación o en alguna Asamblea autonómica, ostentan la condición procesal de *aforados*. Ello implica que, en principio, estos investigados no van a ser enjuiciados por el mismo tribunal que le correspondería a cualquier ciudadano de *a pie*, sino que deben ser juzgados directamente por el Tribunal Supremo (en el caso de los Diputados y Senadores) –artº 71.3 Constitución española– o por los Tribunales Superiores de Justicia (en el caso de los miembros electos de las Asambleas autonómicas –art. 73.3.a) *Ley Orgánica del Poder Judicial*–, en relación con los Estatutos de Autonomía).

En relación con estos casos, a todos nos debería escandalizar, en mayor o menor medida (a algunos nos escandaliza mucho), el que se ha venido en denominar "el peregrinaje" de las causas judiciales con aforados de un tribunal a otro. En efecto, es cada vez más frecuente la noticia de que una causa que se estaba tramitando hasta un determinado momento en un Juzgado de Instrucción (con vistas a que, una vez concluida la investigación, el asunto pase a conocimiento de la Audiencia Provincial

147 Vid. *https://blogs.elconfidencial.com/espana/tribuna/2016-09-24/el-tribunal-supremo-no-deberia-enjuiciar-a-rita-barbera_1264914/*

correspondiente), se remita al Tribunal Supremo (TS), o a un Tribunal Superior de Justicia (TSJ), según los casos, si la persona investigada adquiere la condición de aforado durante la instrucción; o viceversa, una causa que está instruyendo el TS o un TSJ, porque se ha imputado a un Diputado nacional o autonómico, estos tribunales dejan de investigar, en favor de un Juzgado de instrucción, al producirse la pérdida de la condición de aforado de aquél. O, incluso, no es descabellado pensar que los propios aforados, en vista de esta perniciosa dinámica permitida en España, pidan a sus respectivos partidos políticos que les incluyan (o les dejen de incluir) en las listas electorales con el fin de que su caso "caiga" en tal o cual tribunal o, por el contrario, intenten eludir la actuación del Juez o Magistrado que ha llevado la investigación hasta ese momento, para que el asunto "peregrine" al TS o al TSJ. En concreto, en el caso de la Sra. Barberá, como antes había sucedido con los casos de los Sres. Chaves y Griñán, la opinión pública tiene la percepción de que los políticos se aferran a sus actas parlamentarias (o se desligan de ellas), con la calculada intención de evitar que les enjuicie tal o cual magistratura. Algún periodista, incluso, ha llegado a insinuar, con cierta gracia, que el aforamiento de Doña Rita Barberá ha sido buscado conscientemente como "parapeto judicial", ya que Barberá "no está aforada por ser senadora, sino que es senadora para estar aforada".

Pues bien, llegados a este punto, podemos convenir que, normalmente, nada puede hacerse para impedir que los dirigentes de un partido político incluyan o dejen de incluir un determinado nombre en una lista electoral para conseguir el aforamiento o *desaforamiento* de éste (o que un grupo parlamentario mayoritario en una Asamblea Autonómica logre la designación como senador de uno de los suyos), en la creencia de que ese acto político pueda ser útil para eludir la acción de la Justicia encarnada en determinado Juez o Magistrado instructor; sin embargo, el Derecho, con mayúsculas, debe ponerse al servicio de los ciudadanos y erigirse en el instrumento que evite esta "disponibilidad" que muchos de nuestros políticos pretenden ejercer sobre las normas procesales que determinan el tribunal que debe enjuiciar un asunto. Nos hemos acostumbrado a tolerar de forma acrítica esta situación de desigualdad injustificable que les permite a unos justiciables "elegir" a quiénes les van a investigar y a juzgar, mientras que a la inmensa mayoría de nosotros, a los taxistas, a los fontaneros, a los administrativos, a los médicos, a los profesores universitarios, etc., se nos impone, como es lógico, el tribunal que ha de enjuiciar nuestros ilícitos penales, porque es el órgano *predeterminado por la ley.*

A mi modo de ver, todo esto no estaría sucediendo si el Tribunal Supremo, como intérprete máximo de la legalidad ordinaria, y el Tribunal Constitucional, como supremo intérprete de la Constitución, hubieran reparado, a estas alturas del S.XXI, en que existe una institución jurídico-procesal milenaria, con apoyo actualmente en el artículo 24.2 CE, la "*perpetuatio iurisdictionis*" (perpetuación de la jurisdicción), que, en relación con la determinación de la competencia objetiva de los tribunales penales, debe impedir este trasiego de causas de unos tribunales a otros. Porque, con el debido respeto a tan altas Magistraturas y a sus decisiones producidas hasta ahora sobre estos asuntos, es más que discutible que "aparezca" o "desaparezca" el fuero en función de que se obtenga o se pierda el aforamiento con posterioridad a la comisión de los hechos que se investigan penalmente. La exigencia constitucional de la predeterminación legal del tribunal (art.24.2 CE), la "*perpetuatio iurisdictionis*", impone una solución bien distinta.

El art. 24.2 CE no habla del derecho fundamental al juez ordinario "determinado" por la ley, sino del *predeterminado* por ella, con lo que se introduce un elemento decisivo –el temporal– en cuyas consecuencias parece que no se repara suficientemente. Ahí está la clave principal para resolver todos estos problemas de los aforamientos, y de los indebidos "cambios" de tribunal durante la tramitación procedimental. En efecto, la conjunción del derecho a la predeterminación legal del juez (no basta con que el juez esté fijado por la ley, sino que ha de estar prefijado, es decir, determinado "antes de") y el principio procesal de la "*perpetuatio iurisdictionis*", consecuencia de aquel ("cristalización" de la jurisdicción y competencia del Juez o Tribunal conforme al estado de hecho y de derecho existente con anterioridad al caso), debieran neutralizar cualquier intento de alteración de la competencia objetiva y funcional de un determinado órgano jurisdiccional ("*semel iudex, semper iudex*", o "*semel competens, semper competens*"). En consecuencia, la predeterminación constitucional del tribunal exige que el fuero existente para quien cometió el delito cuando era Diputado, Senador, Diputado autonómico, etc., seguirá existiendo hasta la resolución del proceso, con independencia de que el aforado ya no detente ese cargo o de que haya renunciado a él durante el proceso, o viceversa.

Pero esta interpretación de nuestro ordenamiento que aquí proponemos choca con la adoptada por el TS, que entiende que la predeterminación legal del tribunal, al menos en las causas especiales relativas a aforados, se refiere al "inicio del juicio oral". O lo que es lo mismo, que una persona puede *aforarse* y *desaforarse*, con los consiguientes cambios de tribunal competente para instruir la causa, hasta el momento en que se ordene la apertura del juicio oral ante el tribunal que debe presenciar las pruebas y dictar la sentencia definitiva. En efecto, esta postura ha sido asumida recientemente por decisión unánime del Pleno de la Sala Segunda del TS, a través del Acuerdo no jurisdiccional de 2 de diciembre de 2014, por lo que debe entenderse que "*en las causas con aforados la resolución judicial que acuerda la apertura del juicio oral constituye el momento en el que queda definitivamente fijada la competencia del Tribunal de enjuiciamiento aunque con posterioridad a dicha fecha se haya perdido la condición de aforado*"; interpretación que ha pasado a ser aplicada inmediatamente por la Sala 2ª del TS en la esfera propiamente jurisdiccional, a través de la *STS (2ª), Secc. 1ª, nº 869/2014, de 10 de diciembre*, con la aspiración de que se convierta en doctrina jurisprudencial sobre esta importante cuestión.

Este no es el lugar más adecuado para exponer, con la debida extensión, mi disenso absoluto con esta interpretación de la Sala 2ª del TS, que pospone la invariabilidad del tribunal competente (*sensu contrario*: permite el peregrinaje de los asuntos) hasta un momento procesal tan tardío como es la apertura del juicio oral (resolución que puede producirse muchos meses o, como sucede muy habitualmente, varios años después de haberse cometido los presuntos delitos imputados), pero considero necesario expresar, aunque sea sucintamente, las razones por las que me atrevo a propugnar una variación en el criterio que apunta el TS.

Por una parte, y como piedra angular de la idea que mantengo, creo firmemente que la perpetuación de la jurisdicción en el proceso penal se produce *en el momento de cometerse el hecho delictivo*; es decir, en ese instante –por mor de la actuación del principio de legalidad penal, y la *necesaria* actuación de la jurisdicción– se determina (cristaliza para siempre) el tribunal con competencia objetiva para dictar la sentencia, una vez que se instruya la causa, por el órgano de instrucción anudado a dicho tribunal sentenciador. Por lo tanto, si en la comisión del delito ha participado un aforado, será competente para juzgar el TS o el TSJ, con independencia de las vicisitudes personales de aquel a partir de ese momento. Y, al contrario, si una persona no aforada comete un delito, su "caso" no debiera ser enjuiciado por el TS o por el TSJ, aunque posteriormente adquiera la condición de aforado.

Por otra parte, creemos que no resulta ocioso recurrir al principio de *seguridad jurídica* (art. 9.3 CE). En efecto, aunque el sustento fundamental de la perpetuación de la jurisdicción desde el momento de la misma comisión de los hechos delictivos lo encontramos en el art. 24.2 CE, también puede apoyarse en el principio de seguridad jurídica, sobre todo en lo tocante a la irrelevancia de cambios fácticos acaecidos con posterioridad a dicho momento, que pudieran, en principio, incidir sobre la determinación de la competencia. Esto sentado, poca seguridad jurídica hay si una persona aforada que comete un hecho delictivo durante su mandato, o en el desempeño de su cargo, puede alterar la competencia objetiva del órgano jurisdiccional que tendría que conocer de "su caso", por hechos posteriores al "*dies commissi delicti*", en muchos casos realizados unilateralmente por el presunto reo (por ejemplo, a través de una oportuna renuncia al acta de Diputado, o dimitiendo de su cargo, etc.). La interpretación que proponemos constituye la única forma de impedir posibles "maquinaciones", ¿a veces fraudulentas?, como las que estamos acostumbrándonos a ver, para evitar que juzgue tal o cual tribunal.

Finalmente, el *principio de igualdad* también debe participar en el sustento de la interpretación aquí propuesta. La Constitución Española contiene varias referencias de las que necesariamente se ha de partir para realizar un interpretación correcta del verdadero alcance de este *principio*: a) el art. 1 CE proclama la igualdad como valor superior del ordenamiento jurídico (principio del Derecho); b) por su parte, el art. 9.2 consagra la obligación de los poderes públicos de promover las condiciones para que la libertad y la igualdad del individuo y de los grupos en que se integra sean reales y efectivas; y c) como *derecho fundamen-*

tal, el art. 14 CE preceptúa que «los españoles son iguales ante la ley, sin que pueda prevalecer discriminación alguna por razón de nacimiento, raza, sexo, religión, opinión o cualquier otra condición o circunstancia personal o social». De la interpretación conjunta de estos preceptos, cada uno diferenciable de los otros, podemos quedarnos con la exigencia de que haya una estricta igualdad en la aplicación de la ley. Solo si se entiende que la predeterminación legal del juez y la consiguiente perpetuación de la jurisdicción (y de la competencia) se produce, en el ámbito penal, en el momento de la comisión del delito, se garantiza plenamente la igualdad en la aplicación de la ley entre los aforados y el resto de los justiciables no aforados. Porque en el caso de que los aforados puedan "maniobrar" con actos individuales tendentes a "elegir" el tribunal que debiera conocer de su asunto, se produciría una clara discriminación respecto de los "no aforados", que en modo alguno, como sabemos, pueden disponer de las normas de competencia objetiva de los tribunales penales (al ser normas de Derecho imperativo).

Llegados a este punto, considero que en caso de que la Sra. Rita Barberá tuviera que ser investigada por un presunto delito de blanqueo de capitales (tal y como determinan tanto el titular del Juzgado de Instrucción nº 18 de Valencia, como la Sala 2ª del TS), puesto que la infracción punible fue supuestamente cometida "antes" de la adquisición de la condición de aforada, la instrucción del asunto le debiera corresponder al propio Juzgado de Instrucción nº 18 de Valencia, en el caso de que no hubiera ningún investigado aforado en el momento de la comisión del delito. Por lo tanto, la adquisición del fuero (toma de posesión de su cargo de Senadora) con posterioridad a la comisión del delito no debiera afectar a la competencia predeterminada por la ley, por lo que debería enjuiciar el Juez de lo Penal, o la Audiencia Provincial de Valencia, pero no el TS. Cuestión distinta, como es lógico, es que sea imprescindible solicitar el *suplicatorio* (permiso para investigar y, en su caso, procesar) al Senado, por conducto de la Sala 2ª del TS, al tratarse de una persona actualmente aforada (art. 71.2 CE) y gozar aún de la llamada *inmunidad* parlamentaria.

Efectivamente, se nos podría decir que el art. 2º, párrafo segundo, de la Ley de 9 de febrero de 1912 sobre el *aforamiento de Diputados y Senadores* establece lo contrario, es decir, que la causa debe ser conocida por el TS en cuanto se tenga constancia de que una persona ha adquirido la condición de Diputado o Senador; sin embargo, entendemos que esta norma decimonónica está tácitamente derogada por el artº 24 CE, que exige, como hemos dicho, la *predeterminación* legal del tribunal.

Soy consciente de que la interpretación que se propugna en estas líneas es muy osada, y que desafía a la opinión que ha calado en la mayoría de los juristas (y también en los legos en Derecho), pienso que más por falta de atención sobre el tema que por verdaderas y profundas convicciones, pero con ello intento propiciar una reflexión sobre el respeto que merece el derecho fundamental al juez ordinario predeterminado por la ley. En este, como en tantos otros casos, me vienen a la cabeza las siguientes palabras de mi maestro, el Profesor De la Oliva Santos: "*si* vale *–siempre o casi siempre– lo que se hace en violación del derecho fundamental al juez legalmente predeterminado, es este derecho fundamental el que no vale*"».

2. «***La Audiencia Nacional no debería conocer de la causa contra los exmiembros del Gobierno catalán***» (Publicado en el Blog Jurídico "Hay Derecho", 7/11/2017)[148]

«Que los principales responsables del intento de secesión de Cataluña, pongamos por ejemplo, el ex-Presidente de la Generalidad y los ex-Consejeros del Gobierno catalán, o la Presidenta y los miembros de La Mesa del Parlamento de Cataluña, iban a tener que rendir cuentas, tarde o temprano, ante los Tribunales, por haber incurrido en gravísimas responsabilidades penales, era algo obvio. Quienes, con absoluta premeditación, y con una actitud puerilmente desafiante, provistos de televisiones emitiendo los acontecimientos en directo, se han dedicado, "presuntamente", a desobedecer sentencias del Tribunal Constitucional, a gastar dinero público en actividades prohibidas, a convocar un referendo ilegal e, incluso, a proclamar una pretendida república catalana independiente de España, subvirtiendo absolutamente el orden constitucional, debían ser muy conscientes de que, a modo de una "crónica de una prisión anunciada", la Fiscalía y los Tribunales de un Estado de Derecho, de cualquier Estado de Derecho, irremediablemente iban a actuar.

148 Vid. *https://www.hayderecho.com/2017/11/07/la-audiencia-nacional-no-deberia-conocer-de-la-causa-contra-los-exmiembros-del-gobierno-catalan/*

Creo que no debemos, en estos incipientes momentos, al menos los que no tenemos unos sólidos conocimientos de Derecho penal, discutir sobre si la Fiscalía acierta con el contenido material sus primeras querellas, ni afirmar con rotundidad si estamos o no en presencia de tales o cuales delitos, pues esta es una cuestión que tendrán que ir investigando los magistrados encargados de la instrucción, con la ayuda inestimable de los fiscales y las demás partes personadas en las causas penales. Pero es inobjetable que, al margen de tecnicismos penales, los *investigados* (es decir, aquellas personas a las que inicialmente se les imputa la comisión de los delitos), han podido atentar gravemente contra la estructura orgánica y territorial del Estado, así como malversar ingentes cantidades de dinero público. Precisamente por la gravedad de los delitos investigados, unida a otros factores previstos en la ley, como el riesgo de fuga, de reiteración delictiva, o de ocultación de pruebas, se han adoptado severas medidas cautelares personales, como la prisión provisional, contra varios de ellos.

Lo que sí podemos poner en duda, en vista de cómo se han desarrollado los primeros pasos procesales, es si están actuando los tribunales penales con verdadera *competencia funcional* para instruir estas causas por los graves hechos calificados por la Fiscalía General del Estado (FGE) en sus querellas, teniendo en cuenta lo que dice la Constitución española y la legislación procesal aplicable. En esta fase inicial del proceso, todos, al menos los interesados en la correcta aplicación del Derecho, debemos dar una cuidadosa y fundada respuesta, cuanto antes, a la siguientes preguntas: ¿tiene la Audiencia Nacional (AN) *competencia* para instruir (competencia *funcional*) y, posteriormente, enjuiciar (competencia *objetiva*), los delitos que se imputan al ex-Presidente de la Generalidad y los ex-Consejeros del Gobierno catalán?, ¿tiene la Sala Segunda del Tribunal Supremo (TS) esa competencia (funcional y objetiva) para conocer de la *causa especial* contra la Presidenta y los miembros de La Mesa del Parlamento de Cataluña? Y a estas dos preguntas se podría añadir inmediatamente otra: ¿no sería más razonable que, dadas las evidentes concomitancias entre los hechos y las personas que han participado en los mismos, se investigaran y se enjuiciaran todos los delitos imputados en una sola causa, ante un único tribunal? De estas preguntas, que muchos quizá ya se hayan formulado, mejor dicho, de su certera respuesta, puede depender, nada más ni nada menos, la validez posterior de todo el proceso. Y si algo no se ha hecho correctamente en materia competencial, por no ajustarse al Derecho procesal vigente en España, ha de ser corregido con urgencia.

A mi juicio, sólo podrá responderse con acierto a los decisivos interrogantes arriba planteados si se aplican correctamente las normas competenciales y de conexión de procesos previstas en la Ley Orgánica del Poder Judicial (LOPJ), la Ley Orgánica del Estatuto de Autonomía de Cataluña -LO 6/2006, de 19 de julio- (EACat), la Ley de Enjuiciamiento Criminal (LECRIM), todas ellas bajo el manto del artículo 24.2 de la Constitución (CE), en cuanto regula el derecho fundamental al juez ordinario *predeterminado* por la ley. La labor hermenéutica puede que no sea sencilla, pero la gravedad histórica de los momentos por los que está atravesando nuestra Nación exige un esmero especial por parte de todos los operadores que van a intervenir en el Foro, los cuales debieran utilizar exclusivamente el escalpelo del Derecho y la Justicia para resolver estas cruciales cuestiones.

La FGE, con la interposición de sus dos querellas diferenciadas, una ante la AN, contra el ex-Gobierno catalán, y otra ante el TS, contra la Presidenta y los miembros de la Mesa del Parlamento de Cataluña, ha respondido explícita e implícitamente a las tres preguntas anteriores de la siguiente manera: a) la AN es competente para proceder contra los ex-miembros del Gobierno de Cataluña porque éstos han perdido la condición de aforados en virtud del cese ordenado por el Gobierno de la Nación, en ejecución del art. 155 de la CE, previamente autorizado por el Senado, de modo que ya no cabe utilizar el art. 70.2 EACat, y es ahora aplicable el art. 65.1 a) *in fine* LOPJ, que otorga a este órgano jurisdiccional el conocimiento de los delitos *contra la forma de gobierno*; b) el TS es competente para proceder contra la Presidenta y los miembros del Parlamento de Cataluña porque aún están aforados ante el Alto Tribunal, de modo que debe tenerse en cuenta el art. 57, 2 EACat, del que se deduce que si bien en las causas seguidas contra estos aforados la competencia corresponde normalmente al Tribunal Superior de Justicia de Cataluña (TSJCat), al haberse cometido algunos delitos (rebelión o sedición) fuera del territorio de esta Comunidad Autónoma, la responsabilidad penal es exigible ante el TS; c) los procedimientos contra los miembros del Gobierno y los parlamentarios autonómicos deben seguirse por separado (uno ante la AN y otra ante el TS), sin que se deban aplicarse la normas que permiten unificar dos o más procesos por "conexión" (arts. 17 y 18 LECRIM), excepto en el caso de un parlamentario catalán actualmente no aforado, D. Joan Josep Nuet i Pujals, que en su cualidad de miembro de un órgano colegiado, como es la Mesa del Parlamento Catalán, "a fin de evitar la ruptura de la continencia de la causa y conforme a las reglas de conexidad, se estima imprescindible su enjuiciamiento conjunto con el resto de los querellados en un mismo procedimiento penal" (en este caso, ante el TS).

Este planteamiento global de la FGE, sobre la competencia de los tribunales y sobre la conexión, no ha sido contradicho –de momento– ni por la AN ni por la Sala Segunda del TS ya que sus magistrados, en sendos Autos de admisión a trámite de sus respectivas querellas, nada han objetado respecto a la competencia que se les atribuye (ambos han acordado declarar, respectivamente, la competencia del Juzgado Central de Instrucción de la AN y de la Sala Segunda del TS, "para el conocimiento de la presente causa"), ni respecto a la posibilidad de acumular los dos procedimientos en aplicación de las reglas generales de la conexidad objetiva y/o subjetiva.

Bien es cierto que estamos aún en los momentos iniciales de los procedimientos, y puede ser ciertamente complicado establecer un desenlace definitivo acerca de si debe producirse una acumulación de procesos, por efecto de las normas de conexión (art. 17 LECRIM), o de si la competencia objetiva para enjuiciar a los parlamentarios catalanes recae en el TS o en el TSJCat, máxime cuando la Fiscalía sitúa la ejecución de parte de los hechos imputados fuera del territorio de la Comunidad Autónoma catalana, o aún pudieran aparecer implicado algún aforado en el TS *ex* art. 71.3 CE (por ejemplo, algún Diputado o Senador); es decir, aún es pronto para responder, sin temor a equivocación, a las dos últimas preguntas que nos planteábamos anteriormente. Pero lo que parece indiscutible es que la AN ni tiene competencia funcional para instruir la causa contra los ex-Consejeros del Gobierno catalán, ni tampoco tendrá competencia objetiva para conocer, en el futuro, de un eventual juicio oral.

En efecto, la AN no es competente para enjuiciar la causa que ahora tiene en sus manos, pero no por el argumento que hemos venido leyendo últimamente en la prensa, consistente en que en un Auto de 2 de diciembre de 2008, el Pleno de la Sala de lo Penal de la propia AN, estableció por unanimidad que el delito de rebelión nunca ha sido competencia de dicho tribunal (criterio "jurisprudencial" que bien podría cambiar ahora), sino por una razón procesal mucho más poderosa, como lo es la *vulneración del derecho fundamental al juez ordinario predeterminado por la ley* (art. 24.2 CE). Ese derecho fundamental, radical, que se configura también como una garantía genérica para todos los ciudadanos españoles que impide (o debería impedir) que existan tribunales "*ad hoc*", o que se produzcan nuevas atribuciones jurisdiccionales y/o competenciales "*ex post facto*". Intentaré argumentarlo.

Como es sabido, art. 24.2 CE no habla del derecho fundamental al juez ordinario "determinado" por la ley, sino del *predeterminado* por ella, con lo que se introduce un elemento decisivo –el temporal– en cuyas consecuencias parece que no se repara suficientemente. Ahí está la clave para resolver el problema. Los ex-miembros del Gobierno catalán, que eran aforados *en el momento de cometer los hechos* que se les imputan, dejaron de disfrutar de su *status privilegiado* en el momento en que fueron cesados de sus cargos en ejecución del art. 155 CE; pero este hecho, *sobrevenido*, no debiera influir en la determinación del tribunal competente para conocer de sus delitos.

Como he venido manteniendo siempre que se discute la competencia del tribunal que debe enjuiciar a personas aforadas, creo que la conjunción del derecho a la predeterminación legal del juez (no basta con que el juez esté fijado por la ley, sino que ha de estar prefijado, es decir, determinado "antes de") y el principio procesal de la "*perpetuatio iurisdictionis*", consecuencia de aquel ("cristalización" de la jurisdicción y competencia del Juez o Tribunal conforme al estado de hecho y de derecho existente con anterioridad al caso, en el ámbito penal, a los hechos), debieran neutralizar cualquier intento de alteración de la competencia objetiva y funcional de un determinado órgano jurisdiccional ("*semel iudex, semper iudex*", o "*semel competens, semper competens*"). En consecuencia, la predeterminación constitucional del tribunal exige que el fuero existente para quien cometió el delito cuando era Diputado, Senador, Diputado autonómico, Presidente o Consejero autonómico, etc., siga existiendo, desde el mismo momento de la producción del hecho ilícito hasta la resolución del proceso, con independencia de que el aforado deje de detentar, por la razón que fuera, ese cargo con posterioridad.

Soy consciente de que esta interpretación de nuestro ordenamiento que aquí propongo choca con la adoptada por el TS, que entiende que la predeterminación legal del tribunal penal, al menos en las causas especiales relativas a aforados, se refiere al "inicio del juicio oral". O lo que es lo mismo, que una persona puede *aforarse* y *desaforarse*, con los consiguientes cambios de tribunal competente para instruir la causa, hasta el momento en que se ordene la apertura del juicio oral ante el tribunal que debe presenciar las pruebas y dictar la sentencia definitiva. Esta postura fue asumida por decisión unánime del Pleno de la Sala Segunda del TS, a través del Acuerdo no jurisdiccional de 2 de diciembre de 2014, que entendió que "*en las causas con aforados la resolución judicial que acuerda la apertura del juicio oral constituye el momento en el que queda definitivamente fijada la competencia del Tribunal de enjuiciamiento aunque con posterioridad a dicha fecha se haya perdido la condición de aforado*"; interpretación que pasó a ser aplicada inmediatamente por la Sala 2ª del TS en la esfera propiamente jurisdiccional, a través de la *STS (2ª), Secc. 1ª, nº 869/2014, de 10 de diciembre*, y parece que ahora también se refleja en la propia querella de la FGE contra los ex–Consejeros y en el Auto de admisión de la Magistrada instructora de la causa abierta en la AN contra aquellos.

Esta postura del TS siempre me ha parecido, con todos los respetos, desacertada y poco fundamentada, porque creo que una correcta interpretación del art. 24.2 CE exige que si en la comisión del delito ha participado un aforado, será competente para juzgar el TS o el TSJ, con independencia de las vicisitudes personales de aquel a partir de ese momento (perpetuación competencial en el "*dies commissi delicti*"). Y, al contrario, si una persona no aforada comete un delito, su "caso" no debiera ser enjuiciado por el TS o por el TSJ, aunque posteriormente adquiera la condición de aforado (por ejemplo, por obtener un acta de Diputado autonómico en unas próximas elecciones).

En socorro de nuestra interpretación siempre han acudido los principios generales de *seguridad jurídica* (art. 9.3 CE) y de *igualdad* (arts. 1, 9.3 y 14 CE), pero en el caso que ahora nos ocupa, además, se ha producido un hecho extraordinario que hace especialmente peligrosa la interpretación que viene manteniendo el TS; a saber: el *desafuero* (*Rae*., tercera acepción: hecho que priva de fuero a quien lo tenía) se ha producido, con posterioridad a la comisión del delito, por un acto político proveniente del Gobierno de la Nación, en aplicación del art. 155 CE. En efecto, es el Gobierno de España el que, en legítima ejecución de la autorización previa del Senado, a través del Decreto 944/2017, de 27 de octubre, viene a cesar de sus cargos al Presidente, al Vicepresidente y al resto de Consejeros del Gobierno autonómico catalán. Nada tenemos que objetar frente a esta medida, seguramente indispensable para restituir el orden constitucional en esa parte del territorio español, pero el cese en el cargo en nada tendría que afectar a la competencia de los tribunales *pre-determinados* por la ley para enjuiciar los gravísimos hechos, presuntamente cometidos por esas personas. Y los tribunales "pre-determinados" por la ley para enjuiciar los delitos de los miembros del "Govern" son, según cuál sea la interpretación acerca la territorialidad o la extraterritorialidad de los delitos respecto a esa Comunidad Autónoma, el TSJCat o la Sala Segunda del TS, pero nunca la AN (art. 70.2 EACat).

Si el TS no ordena que la AN se separe del conocimiento de esta causa, por carecer aquella de competencia objetiva y funcional, se estaría admitiendo la que se me antoja como la violación más grave, e inédita, que puede producirse contra el art. 24.2 CE: que una decisión gubernativa excepcional, al amparo del artículo 155 CE, pueda tener como efecto directo el *desafuero* de los miembros de un gobierno autonómico y que la causa sea sustanciada por un tribunal simplemente determinado por la ley en estos momentos, incumpliendo la exigencia de la *predeterminación* constitucional. Sería lo más parecido a la creación de un tribunal "ad hoc", impuesto por el Gobierno *mayor* a un Gobierno *menor*. De la misma forma, y previendo el futuro más o menos inmediato, hay que resaltar que cualquier cambio en los aforamientos actuales, o posibles aforamientos futuros, en nada debieran incidir respecto al tribunal predeterminado por la ley por hechos ya acaecidos. De lo contrario, se corre el riesgo cierto, al margen de los farragosos tiempos muertos procesales producto del *peregrinaje* de las causas de un tribunal a otro, de que otras instancias internacionales, el día de mañana, puedan anular algún proceso actualmente en marcha. Y creo que España no se puede permitir pagar tan alto precio, cuando se está aún a tiempo de rectificar».

3. ***«El Tribunal Supremo debería enjuiciar al Magistrado Fernando Valdés Dal-Ré»*** (Publicado en el Blog Jurídico "Hay Derecho", 20/10/2020)[149]

«El lector de noticias relacionadas con el mundo del Derecho habrá reparado, seguramente, en que a lo largo de los últimos años, siempre que los medios de comunicación (ya sea exponiendo una noticia, en artículos de opinión, en tertulias radiofónicas o televisivas, etc.), en referencia a personas "aforadas" que pierden esa condición, coinciden en transmitir el siguiente mensaje: *puesto que la persona tal o cual (ya sea Diputado, Senador, Ministro, Magistrado del Tribunal Constitucional, etc.; en definitiva, un "aforado"), ha renunciado voluntariamente a su cargo (por ejemplo, porque ha presentado su dimisión) desaparece su privilegio del fuero (normalmente en favor del Tribunal Supremo), y su caso regresa al juzgado correspondiente, como si fuera un ciudadano más.*

Este es precisamente el supuesto que se está planteando con el hasta ahora Magistrado del Tribunal Constitucional (TC) y Catedrático de Derecho del Trabajo, Dr. D. Fernando Valdés Dal-Ré, aforado ante el Tribunal Supremo (art. 57.1.2º LOPJ), quien, según todos los medios de comunicación, ha presentado esta semana su *renuncia al cargo* en el TC después de que el Magistrado instructor del Tribunal Supremo estuviera investigándole por un presunto delito de maltrato en el ámbito familiar. Al adoptar esta decisión un aforado, nos hemos acostumbrado a que se nos diga que éste *pierde el privilegio del fuero* ante el Supremo y el asunto debe peregrinar al Juzgado de instrucción que corresponda, en este caso, al Juzgado de Violencia contra la mujer hasta que finalice la instrucción para que, en su caso, el posterior juicio se desarrolle ante

149 *Vid. https://www.hayderecho.com/2020/10/20/el-tribunal-supremo-deberia-enjuiciar-al-magistrado-fernando-valdes-dal-re/*

el órgano jurisdiccional sentenciador ordinario. En efecto, hemos llegado a asumir de forma *acrítica* que a algunos justiciables se les permita "elegir" los tribunales que les van a investigar y a juzgar (normalmente mediante actos unilaterales), mientras que a la inmensa mayoría de nosotros, a los taxistas, a los fontaneros, a los periodistas, a los administrativos, a los médicos, a los profesores universitarios, etc., se nos impone, como es lógico, el tribunal que ha de enjuiciar nuestros ilícitos penales, porque es el órgano *predeterminado por la ley*, como exige la Constitución española.

Como ya he reiterado en múltiples ocasiones, este *peregrinaje* de las causas penales de los aforados no procedería si el Tribunal Supremo, como intérprete máximo de la legalidad ordinaria, y el Tribunal Constitucional, como supremo intérprete de la Constitución, hubieran reparado, a estas alturas del S.XXI, en que existe una institución jurídico-procesal milenaria, con apoyo actualmente en el artículo 24.2 CE, la "*perpetuatio iurisdictionis*", que, en relación con la determinación de la competencia objetiva (y, por lo tanto, la funcional) de los tribunales, debe impedir este trasiego de causas de un tribunal a otro si se ha determinado correctamente dicha competencia en el momento de iniciarse el proceso. De tal manera que, con el máximo respeto a tan altas Magistraturas y a sus decisiones, es más que discutible que desaparezca el fuero cuando se pierde el cargo que lo sustentaba. Por el contrario, creo firmemente (espero que se trate de una lícita perseverancia por mi parte, y no de una obcecación) que la exigencia constitucional de la predeterminación legal del tribunal (artº. 24.2 CE), la "*perpetuatio iurisdictionis*" merece una solución bien distinta a la que está imponiendo, por vía exclusivamente jurisprudencial, el TS.

Como es sabido, el art. 24.2 CE no habla del derecho fundamental al juez ordinario "determinado" por la ley, sino del "*pre-determinado*" por ella, con lo que se introduce un elemento decisivo –el temporal– en cuyas consecuencias parece que no se repara suficientemente. Ahí está la clave para resolver todos estos problemas de los aforamientos, y de los indebidos "cambios" de tribunal durante la tramitación procedimental. En efecto, la conjunción del derecho a la predeterminación legal del juez (no basta con que el juez esté fijado por la ley, sino que ha de estar prefijado, es decir, determinado "antes de") y el principio procesal de la "*perpetuatio iurisdictionis*", consecuencia de aquel ("cristalización" de la jurisdicción y competencia del Juez o Tribunal conforme al estado de hecho y de derecho existente con anterioridad al caso), debieran neutralizar cualquier intento de alteración de la competencia objetiva y funcional de un determinado órgano jurisdiccional ("*semel iudex, semper iudex*", o "*semel competens, semper competens*"). O si se prefiere, lo diré de otra forma: una vez que se ha determinado la competencia de un tribunal con arreglo a la norma *predeterminante*, ya no debiera admitirse derogación alguna de dicha norma –ni por hechos posteriores (renuncias, ceses, dimisiones, etc.), ni siquiera por normas competenciales sobrevenidas–; de tal manera que ya no se pudiera sustraer el conocimiento del juez o tribunal, si realmente era el competente para conocer del asunto.

Así las cosas, sin entrar por supuesto en cuestiones de Derecho material que atañen a los hechos que se le imputan, y respetando absolutamente la presunción de inocencia, considero modestamente que el caso del Catedrático Valdés Dal-Ré debe seguir sustanciándose ante el TS, puesto que la infracción punible fue supuestamente cometida mientras el magistrado disfrutaba de la condición de aforado (artº. 57.1.2º LOPJ). La "*perpetuatio iurisdictionis*" –en definitiva, el art. 24.2 CE– imponen la irrelevancia de cualquier cambio sobrevenido que pudiera afectar a la competencia del Alto Tribunal.

Soy muy consciente de que la interpretación que propongo choca con la adoptada por el TS, que entiende que la predeterminación legal del tribunal penal, al menos en las causas especiales relativas a aforados, se refiere al "inicio del juicio oral". O lo que es lo mismo, que una persona puede *aforarse* y *desaforarse*, con los consiguientes cambios de tribunal competente para instruir la causa, hasta el momento en que se ordene la apertura del juicio oral ante el tribunal que debe presenciar las pruebas y dictar la sentencia definitiva (Acuerdo no jurisdiccional de la Sala 2ª TS de 2 de diciembre de 2014; interpretación que pasó a ser aplicada inmediatamente por la Sala 2ª del TS en la esfera propiamente jurisdiccional, a través de la *STS (2ª), Secc. 1ª, nº 869/2014, de 10 de diciembre*). Sin embargo, con esta pequeña contribución intento respetar, *al máximo,* el derecho fundamental al *juez ordinario predeterminado por la ley*, y abrazo la esperanza de que esta jurisprudencia pueda variar en algún momento».

4. «***La* romería *de los aforamientos***» (Publicado en el diario ABC, 29/6/2022, pg. 21)[150]

«Otro escandaloso peregrinaje de una causa judicial, de un tribunal a otro, que afecta a un político aforado. Esta vez la protagonista es la ex vicepresidenta y ex consejera de la Generalidad Valenciana (también diputada autonómica), la Sra. Mónica Oltra Jarque, quien acaba de dimitir de sus cargos tras ser formalmente investigada por encubrir, presuntamente, un caso de abusos sobre una menor tutelada por el que fue condenado el ex marido de aquella. Pues bien, se nos vuelve a decir que, como la Sra. Mónica Oltra estaba aforada en el Tribunal Superior de Justicia de Valencia (TSJV), dada su doble condición de miembro del Gobierno valenciano y diputada autonómica, su dimisión determina, ipso facto, la inmediata desaparición del fuero (en este caso el TSJV), y su causa debe regresar al Juzgado de Instrucción de Valencia, como si de una ciudadana más se tratara.

Desde un punto de vista procesal, debemos cuestionarnos, una vez más, si es justo, razonable y, lo que es más importante, acorde con la Constitución española (CE), este nuevo trasvase de competencia jurisdiccional del TSJV hacia el Juzgado de Instrucción de Valencia, propiciado, exclusivamente, por la actuación unilateral de la propia persona investigada (en este caso, mediante su dimisión que, por otra parte, había eludido con vehemencia tan solo unos días antes).

Siempre he mantenido que el Derecho, con mayúsculas, debe impedir que unos justiciables privilegiados (los aforados) puedan "elegir" a los jueces que les van a investigar y a juzgar, mientras que a la inmensa mayoría de los ciudadanos se nos impone, como es lógico, el tribunal que ha de conocer de nuestros ilícitos penales, porque es ese, y no otro, el juez predeterminado por la ley, tal y como exige el artículo 24.2 CE.

¿La actual interpretación del artículo 24.2 CE que ofrecen nuestros tribunales, que permiten este privilegio de los aforados, es la única posi-

150 Vid. *https://www.abc.es/espana/abci-jose-manuel-chozas-alonso-romeria-aforamientos-202206290342_noticia.html*

ble, o la más ajustada a Derecho?, ¿la función jurídica de la institución del aforamiento de verdad se cumple con la interpretación que hasta ahora viene haciendo la jurisprudencia?, ¿o habría que decir que la interpretación que se hace más bien pone en riesgo (o, al menos, permite dudar de) la igualdad de todos los ciudadanos, la seguridad jurídica y la garantía que supone la predeterminación legal del juez?

Si lo anterior no fuera suficiente, preguntémonos qué ocurriría si, contando con la lentitud de la justicia -en pura hipótesis- la Sra. Oltra se presentara a las próximas elecciones generales y fuera elegida diputada o senadora (¿alguien se atrevería a descartarlo por completo?), y pasara a ser aforada ante el Tribunal Supremo. Pues que se produciría otro peregrinaje (o mejor, romería) competencial. Pero no sería esa la última pirueta judicial, ya que si la investigada renunciara después a su acta, antes de la apertura del juicio oral, la causa bajaría de nuevo al Juzgado de Instrucción de Valencia. ¿Alguien da más?»

5. «***Mónica Oltra, el Tribunal Superior de Justicia y el Estado de Derecho***» (Este texto no llegó a publicarse en ABC por exceder de quinientas palabras, y en su lugar vio la luz la versión reducida, reproducida anteriormente, con el título «La *romería* de los aforamientos»)

«De vez en cuando, mi deformación profesional me compele (no me atrevo a hablar de conciencia, en los tiempos que corren), a expresar una denuncia, que siempre cae en saco roto, relativa al peregrinaje de las causas judiciales que se siguen contra algunos aforados, que se trasvasan de un tribunal a otro.

Podríamos mencionar decenas de casos, pero el más reciente y relevante es el que afecta a la ex vicepresidenta de la Generalidad Valenciana, a la sazón también ex consejera de igualdad y políticas inclusivas y ex diputada de las Cortes Valencianas, la Sra. Mónica Oltra Jarque, quien recientemente ha dimitido tras ser investigada por encubrir, presuntamente, un caso de abusos sexuales sobre una menor tutelada por el que fue condenado el ex marido de aquella.

Enseguida empezamos a recibir el bombardeo, a través de los medios de comunicación (ya sea exponiendo la noticia, en artículos de opinión, en tertulias radiofónicas o televisivas, etc.), consistente en la repetición del siguiente mensaje: como la Sra. Mónica Oltra estaba aforada en el Tribunal Superior de Justicia de Valencia, dada su doble condición de miembro del gobierno valenciano y diputada autonómica, su dimisión determina, *ipso facto*, la inmediata desaparición del fuero (en este caso el TSJV), y su caso debe regresar al Juzgado de Instrucción nº 15 de Valencia, como si de una ciudadana más se tratara.

Como siempre he manifestado, la prudencia nos debiera impedir cualquier discusión sobre si el juez de instrucción o el magistrado instructor del TSJ (por no hablar de la Fiscalía) aciertan al atribuir la condición de investigada a la Sra. Oltra Jarque, ni sobre si estamos en presencia de tales o cuales delitos, pues estas son cuestiones que tendrá que seguir averiguando el juez o el magistrado encargado de la instrucción, con la ayuda inestimable de los fiscales y las demás partes personadas en esta causa penal.

Lo que sí podemos poner en duda, una vez más, es si es justo, razonable y, lo que es más importante, acorde con la Constitución española, este nuevo trasvase de competencia jurisdiccional del TSJV hacia el Juzgado de Instrucción nº 15 de Valencia, el cual había iniciado la investigación y posteriormente había remitido los autos al TSJV, precisamente por existir indicios de criminalidad respecto a la actuación (u omisión) de la persona aforada.

En efecto, con independencia de los tejemanejes que se puedan producir en determinadas esferas políticas, en la creencia de que ciertas actuaciones (por ejemplo, a través de desaforamientos voluntarios) puedan servir para eludir, aunque sea provisionalmente, la acción de la justicia encarnada en determinado juez o magistrado (o, quizás, para evitar a tal o cual perverso fiscal) ; siempre he mantenido que el Derecho, con mayúsculas, debe ponerse al servicio de los ciudadanos y erigirse en el instrumento que evite esa "disponibilidad" que algunos pretenden sobre las normas procesales que indican –de forma "indisponible", imperativa– el tribunal que debe enjuiciar un asunto.

Vuelvo a denunciar que nos hemos acostumbrado a tolerar, casi todos, de forma acrítica, esta situación de desigualdad injustificable que les permite a unos justiciables (los aforados) "elegir" a quienes les van a investigar y a juzgar, mientras que a la inmensa mayoría de nosotros, a los periodistas, a los labradores, a los albañiles, a los médicos, a los profesores universitarios, etc., se nos impone, como es lógico, el tribunal que ha de enjuiciar nuestros ilícitos penales, porque es ese, y no otro, el órgano predeterminado por la ley, tal y como exige el artículo 24.2 de la Constitución española. Los comunes mortales, desprovistos del aforamiento, si por desgracia cometemos un presunto delito, no disponemos del privilegio de que nuestra dimisión (siempre voluntaria) conlleve un cambio del tribunal que debe enjuiciar la causa que se sigue contra nosotros.

¿La actual interpretación del artículo 24.2 de la Constitución española que ofrecen nuestros tribunales es la única posible o la más ajustada a Derecho? Lo que parece claro es que, de acuerdo con ella, para unos justiciables rige la "*perpetuatio iurisdictionis*" (perpetuación de la jurisdicción), y para otros no.

Sigo insistiendo, aunque caiga en saco roto, en que esto no estaría sucediendo si el Tribunal Supremo (TS) –con la anuencia del Tribunal Constitucional (TC)– hubiera interpretado con mayor cuidado una institución jurídico-procesal milenaria, apoyada actualmente en el artículo 24.2 CE, la "*perpetuatio iurisdictionis*", la cual, en relación con la determinación de la competencia objetiva de los tribunales penales, debe impedir este trasiego de causas de unos tribunales a otros, ya que el momento ("*dies a quo*") determinante de la competencia del tribunal del enjuiciamiento es el de la comisión del delito ("*dies commissi delicti*"). El art. 24.2 CE no habla del derecho fundamental al juez ordinario "determinado" por la ley, sino del tribunal predeterminado por ella. A lo que habría que añadir, a mi juicio, otros dos argumentos, también de calado constitucional: la seguridad jurídica (poca seguridad jurídica hay si no se impiden posibles "maquinaciones", ¿a veces fraudulentas?, para evitar que juzgue el tribunal predeterminado) y el principio de igualdad de todos ante la ley (las normas de competencia objetiva deben ser imperativas para todos).

Así las cosas, considero honestamente que, en el supuesto de que la Sra. Mónica Oltra tuviera que seguir siendo investigada por un presunto delito de encubrimiento (tal y como determinan tanto el titular del Juzgado de Instrucción nº 15 de Valencia como el magistrado instructor del TSJV), y puesto que la infracción punible fue supuestamente cometida durante el mandato de la ex vicepresidenta (y ex consejera y ex diputada autonómica), esto es, mientras ostentaba condición de aforada, la instrucción y enjuiciamiento del asunto le debiera seguir correspondiendo, hasta la finalización del proceso, a la Sala de lo Civil y Penal del TSJV.

Todos los casos de aforamientos y desaforamientos sobrevenidos que se han producido hasta el momento en España son, a mi juicio, intolerables; sin embargo, el que nos ocupa puede llegar a ser el más impactante, incluso digno de ser inscrito en el "*record Guinnes*" de los cambios de tribunal durante un proceso, ya que, si contamos con la lentitud de los tiempos judiciales, en pura hipótesis (¿alguien se atrevería a descartarlo por completo?), si la Sra. Mónica Oltra se presentara a las próximas elecciones generales y obtuviera el suficiente respaldo popular para obtener un acta de diputada o senadora, la causa penal pasaría a ser enjuiciada por el TS. Pero no sería esa la última pirueta judicial, puesto que aún cabría otro traspaso de competencia: si la encausada renunciara a su acta de diputada antes de la apertura del juicio oral, la causa volvería de nuevo al Juzgado nº 15 de Valencia. ¿Alguien da más?

Todo esto, por supuesto, sería contemplado por observadores internacionales y, lo que es más grave, sería estudiado por los magistrados del Tribunal Europeo de Derecho Humanos, quienes van a tener encima de la mesa, durante varios años, los recursos que han ido interponiendo hasta ahora, y que a buen seguro continuarán haciendo en un futuro próximo, bastantes de los protagonistas del "*Procés*" catalán, los cuales han invocado, entre otras, precisamente la vulneración del derecho al juez predeterminado por la ley (art. 24.2 CE), por considerar que la competencia del órgano que enjuició los hechos no era el TS, sino el TSJ de Cataluña, por considerarlo el tribunal de "su" aforamiento.

Llegados hasta aquí, con toda la humildad de la que soy capaz de invocar y transmitir, me atrevo a elevar la siguiente pregunta: ¿no sería mejor que el Tribunal Supremo reconsiderara su posición sobre este tema y se atreviera a construir una nueva doctrina, sobre la base de la Constitución española y el aparato legislativo vigente (incluida la vieja normativa de 1912 sobre aforamientos, aún en vigor en su práctica totalidad), que permitiera zanjar, de una vez por todas, este esperpéntico peregrinaje de las causas de aforados de un tribunal a otro? España no se puede permitir ni un centímetro más de desprestigio del último gran bastión del Estado de Derecho al que podemos aferrarnos los ciudadanos: el Poder Judicial.

¿La función jurídica de la institución del aforamiento de verdad se cumple con la interpretación que hasta ahora vienen haciendo TS y TC de la misma? ¿O habría que decir que la interpretación que se hace más bien pone en riesgo (o al menos permite dudar) de la igualdad de todos los ciudadanos, de la seguridad jurídica y de la garantía institucional que supone el derecho al juez predeterminado por la ley?».

GRACIAS POR CONFIAR EN NUESTRAS PUBLICACIONES

Al comprar este libro le damos la posibilidad
de consultar gratuitamente la versión ebook.

Cómo acceder al ebook:

- **Entre en nuestra página web,** sección Acceso ebook (www.dykinson.com/acceso_ebook)
- **Rellene el formulario** que encontrará insertando el código de acceso que le facilitamos a continuación así como los datos con los que quiere consultar el libro en el futuro (correo electrónico y contraseña de acceso).
- Si ya es **cliente registrado**, deberá introducir su **correo electrónico y contraseña habitual**.
- Una vez registrado, **acceda a la sección Mis e-books de su cuenta de cliente**, donde encontrará la versión electrónica de esta obra ya desbloqueada para su uso.
- Para consultar el libro en el futuro, ya sólo es necesario que se identifique en nuestra web con su correo electrónico y su contraseña, y que se dirija a la sección Mis ebooks de su cuenta de cliente.

CÓDIGO DE ACCESO

DYK065281

[redacted]

Rasque para ver el código

Nota importante: Sólo está permitido el uso individual y privado de este código de acceso. Está prohibida la puesta a disposición de esta obra a una comunidad de usuarios.